deutsch.punkt 5

Arbeitsheft für das 9. Schuljahr

für Real- und Gesamtschulen sowie verwandte Schulformen

Erarbeitet von:
Dr. Stefan Schäfer

Ernst Klett Verlag
Stuttgart · Leipzig

Wie lernst du mit dem Arbeitsheft deutsch.punkt?

Das Arbeitsheft deutsch.punkt besteht aus zwei Teilen:

1. Lernstandsüberprüfung

Dieser Teil umfasst zehn Kapitel. Jedes Kapitel hat in der Regel zwei bis vier Seiten.
Hier findest du die Fragen wieder, die dir auf den Portfolio-Seiten des Lehrbuches deutsch.punkt gestellt werden. Diese Fragen (✓ Kann ich… ?) aus dem Lernspiegel fassen den gesamten Stoff einer Lernstation zusammen.
Zu den Fragen werden dir in diesem Teil Aufgaben gestellt. Diese Aufgaben können im Unterricht behandelt werden, als Kontrolle oder Test. Du kannst sie aber auch selbstständig zu Hause lösen. Hier lernst du neue Aufgabentypen und -formate kennen, die dir in Zukunft bei Tests immer wieder begegnen werden.
In diesem Teil geht es vor allem darum zu überprüfen, wie gut du den Stoff eines Kapitels bereits beherrschst und wo du noch Lücken hast. Die Lösungen zu jeder Aufgabe kannst du im Lösungsheft nachschlagen.

Kapitelübersicht Lernstandsüberprüfung

Wenn du feststellst, dass du mit einer Aufgabe noch Probleme hast oder dir etwas nicht gelungen ist, dann kannst du mit dem zweiten Teil weiterarbeiten.

2. Lernen und Üben

Dieser Teil umfasst zehn Kapitel. Die Seitenzahl der Kapitel ist unterschiedlich.

Hier findest du zwei Arten von Aufgaben: (1) = Lernaufgaben und (1) **Übung** = Übungsaufgaben

Mithilfe der Lernaufgaben kannst du deine Wissenslücken schließen. Sie führen dich zu Lernerfolgen und helfen dir, den ersten Teil Lernstandsüberprüfung erfolgreich zu bearbeiten. In den Übungen kannst du dieses Wissen und Können anwenden.

Alle Aufgaben aus diesem Teil können im Unterricht behandelt werden. Du kannst sie aber auch selbstständig zu Hause lösen. Die Lösungen zu jeder Aufgabe kannst du im Lösungsheft nachschlagen.

Das Symbol → Lösungsheft zeigt dir an, auf welcher Seite du die Lösungen findest.

Das Symbol  bedeutet, dass du diese Aufgabe in einem Extra-Heft lösen sollst.

Die einzelnen Kapitel (außer Lern- und Arbeitstechniken) sind wie im Buch den folgenden Hauptbereichen zugeordnet:

- Nachdenken über Sprache
- Umgang mit Texten/Medien
- Sprechen und Zuhören
- Schreiben

Kapitelübersicht Lernen und Üben

Wichtige Hilfsmittel zum Lernen:

Kontrolle und Einschätzung

Im Teil **Lernstandsüberprüfung** findest du am Ende jedes Kapitels einen Bogen, der dir deine Kontrolle und Einschätzung erleichtert. Wichtig ist, wenn du dich selbst einschätzt, dass du ehrlich bleibst. Denn nur so kannst du genau feststellen, wo es noch Lücken gibt.

Mithilfe des Lösungsheftes kannst du eintragen, welche Aufgaben du schon gut kannst, wo es noch Probleme gibt und was du unbedingt noch üben musst.

Du kannst dir hier notieren, wann du die Aufgabe erledigt hast. Wenn du nicht alles richtig gelöst hast, bearbeite die Aufgabe am besten nach einer gewissen Zeit noch einmal.

Kontrolle und Einschätzung → Tipps zur Weiterarbeit

Lösungsheft Seite 1

Aufgabe	bearbeitet am:	wiederholt am:	Konnte ich gut. ☺	Das war mittel. 😐	Muss ich üben. ☹	Wenn du 😐 oder ☹ angekreuzt hast, dann bearbeite folgende Aufgaben im Teil Lernen und Üben:
1						Seite 41 / Abschnitt 1.1
2						Seite 41 / Abschnitt 1.1 Seite 87 / Abschnitt 6.1
3						Seite 41 / Abschnitt 1.1
4						Seite 42 / Abschnitt 1.2
5						Seite 43 / Abschnitt 1.3
6						Seite 46 / Abschnitt 1.4
7						Seite 48 / Abschnitt 1.5

Einschätzung der Lehrerin oder des Lehrers:

____

____

____

Hier findest du Tipps zur Weiterarbeit. Das sind Aufgaben aus dem Teil Lernen und Üben. Diese helfen dir, deine Kenntnisse in dem betreffenden Bereich zu vervollkommnen und Wissenslücken zu schließen.

Deine Lehrerin oder dein Lehrer können außerdem, wenn du die Lernstandsüberprüfung als Kontrolle erledigen sollst, ihre Anmerkungen zu deinem Lernstand festhalten.

Schlagwortregister

Wenn du einen Bereich ganz gezielt wiederholen willst, dann kannst du das Schlagwortregister am Ende des Heftes nutzen. Es hilft dir, systematisch einen bestimmten Bereich des Deutschunterrichtes zu bearbeiten.

Schlagwortregister

Hier findest du alphabetisch wichtige Schlagwörter. Manchmal sind diese auch noch einmal unterteilt, wenn man ihnen andere Begriffe zuordnen kann. Die Hinweise für die Seitenzahlen sind sowohl für die Lernstandsüberprüfung als auch für den Teil Lernen und Üben.

Lernstandsüberprüfung

1 Was ich über Lesestrategien, Lesetechniken gelernt habe – Portfolio

✔ Kann ich die wichtigsten Lesestrategien nennen und ihre Unterschiede darlegen?

1 Welche Aussagen über die verschiedenen Lesestrategien treffen zu? Kreuze die richtigen Antworten an.

	richtig	falsch
a) Beim „überfliegenden Lesen“ möchte man schnell herausfinden, welche Lesehindernisse einen erwarten.	☐	☐
b) Das Beseitigen von Lesehindernissen ist ein Teil der Lesestrategie „genaues Lesen“.	☐	☐
c) Beim „suchenden Lesen“ möchte man rasch bestimmte Einzelinformationen im Text auffinden.	☐	☐
d) Nach dem „genauen Lesen“ eines Textes sollte man die im Text dargestellten Sachverhalte wiedergeben können.	☐	☐

✔ Kann ich unterschiedliche Arbeitsaufträge verschiedenen Lesestrategien zuordnen?

2 Mit welcher Strategie musst du einen Text lesen, um den Leseauftrag zu bearbeiten? Begründe kurz deine Entscheidung.

> Stelle dar, welche Bedeutung elektronische Medien für Jugendliche haben und wie diese Medien hauptsächlich genutzt werden.

genaues Lesen ☐ kritisches Lesen ☐ suchendes Lesen ☐
überfliegendes Lesen ☐ wertendes Lesen ☐

Begründung: ____

____

3 Mit welcher Strategie musst du einen Text lesen, um den Leseauftrag zu bearbeiten? Begründe kurz deine Entscheidung.

> Wie wird der Computer offline am häufigsten von Jugendlichen genutzt? Nenne die Nutzungsform.

genaues Lesen ☐ kritisches Lesen ☐ suchendes Lesen ☐
überfliegendes Lesen ☐ wertendes Lesen ☐

Begründung: ____

____

Kann ich einen Text so mit Markierungen und Randnotizen versehen, dass ich mir den Inhalt damit genau erschlossen habe?

4 Du möchtest den Leseauftrag aus Aufgabe 2 bearbeiten. Fertige dir dazu zum aufgeführten Text Randnotizen an und nimm entsprechende Markierungen vor. Beantworte anschließend stichwortartig den Leseauftrag, indem du deine Bearbeitungsergebnisse zusammenfasst.

Computer für Jugendliche wichtiger als der Fernseher

Computer nehmen im Leben junger Menschen einen immer breiteren Raum ein. Müssten sich Jugendliche für ein Medium entscheiden, würden 26 Prozent den Computer und jeweils 19 Prozent den Fernseher und das Internet wählen. Dies ist ein Ergebnis der JIM-Studie 2006 (Jugend, Information, [Multi-]Media). Obwohl der Fernseher noch immer das am meisten genutzte Medium ist, wird er in der persönlichen Wichtigkeit der Jugendlichen erstmals durch den Computer vom Spitzenplatz verdrängt. Fast alle Jugendlichen haben zuhause Zugang zu Computer (98 %) oder Internet (92 %), 60 Prozent der 12- bis 19-Jährigen besitzen einen eigenen Computer, 38 Prozent haben einen eigenen Internetanschluss im Zimmer.

Der anhaltende Boom bei der Ausstattung und Nutzung von MP3-Playern zeigt den zentralen Stellenwert von Musik bei jungen Menschen: Um Musik zu hören, nutzen 70 Prozent mindestens mehrmals die Woche einen MP3-Player, 56 Prozent gebrauchen mit dieser Häufigkeit den Computer als Musikabspielstätte. Noch vor dem Arbeiten für Schule und Beruf und der Nutzung von Computerspielen stellt Musikhören die häufigste Offline-Tätigkeit am Computer dar. Den Jugendlichen steht in Form von MP3-Dateien ein beträchtliches Musikrepertoire zur Verfügung: 40 Prozent haben bis zu 100 Musiktitel gespeichert, ein Drittel kann aus 100 bis 500 Titeln auswählen und ein Viertel hat mehr als 500 Titel zur Verfügung.

Mehr als zwei Drittel aller Jugendlichen gehen mehrmals pro Woche oder häufiger online. Dabei wird das Internet vor allem als Kommunikationsmedium genutzt. Die häufigsten Tätigkeiten sind der Austausch über Instant Messenger und E-Mail, mehr als ein Viertel der jugendlichen Onliner sucht aber auch regelmäßig Chatrooms auf.

Betrachtet man die Internetnutzung unter den Aspekten Kommunikation, Information und Spiele, so entfallen nach Einschätzung der Jugendlichen 60 Prozent ihrer Nutzungszeit auf den Bereich Kommunikation, 23 Prozent auf die Informationssuche und 17 Prozent wird für Online-Spiele verwendet. *www.mpfs.de*

Randnotizen

stichwortartige Bearbeitung des Leseauftrags:

____

____

____

____

____

Kann ich einem Text Einzelinformationen korrekt entnehmen?

5 Welche Aussagen über den Text „Computer für Jugendliche wichtiger als der Fernseher" treffen zu? Kreuze die richtigen Antworten an.

	richtig	falsch
a) Das am meisten von Jugendlichen genutzte Medium ist der Computer.	☐	☐
b) In der persönlichen Wichtigkeit der Jugendlichen liegen Fernseher, Computer und MP3-Player an gleicher Stelle.	☐	☐
c) Das Musikhören hat für Jugendliche einen zentralen Stellenwert.	☐	☐
d) Der Computer wird online am häufigsten für den Bereich Kommunikation (E-Mail, Chatroom usw.) genutzt.	☐	☐
e) Mehr als zwei Drittel aller Jugendlichen gehen mehrmals pro Woche oder häufiger online.	☐	☐
f) Nach Einschätzung der Jugendlichen fallen 60 Prozent der Zeit, in der sie den Computer nutzen, auf den Bereich Informationssuche.	☐	☐

Kann ich einen Text kritisch hinterfragen?

6 Stell dir vor, du möchtest ein Referat über das Mediennutzungsverhalten von Jugendlichen halten. Beurteile den Text „Computer für Jugendliche wichtiger als der Fernseher" kritisch: Inwieweit kann dir der Text bei deinem Referat helfen?

____

____

____

____

____

____

Kann ich eine begründete Wertung zu einem Text oder einer Textpassage abgeben?

7 Nimm Stellung zum ersten Absatz (Z. 1–12) des Textes auf Seite 6, indem du die Unterscheidung zwischen der Wichtigkeit eines Mediums und der Häufigkeit seiner Nutzung bewertest. Beziehe deine persönlichen Erfahrungen mit ein und begründe deine Meinung.

____

____

____

____

____

____

____

Kontrolle und Einschätzung → Tipps zur Weiterarbeit

Lösungsheft Seite 1

Aufgabe	bearbeitet am:	wiederholt am:	Konnte ich gut. ☺	Das war mittel. 😐	Muss ich üben. ☹	Wenn du 😐 oder ☹ angekreuzt hast, dann bearbeite folgende Aufgaben im Teil Lernen und Üben:
1						Seite 41 / Abschnitt 1.1
2						Seite 41 / Abschnitt 1.1 Seite 87 / Abschnitt 6.1
3						Seite 41 / Abschnitt 1.1
4						Seite 42 / Abschnitt 1.2
5						Seite 43 / Abschnitt 1.3
6						Seite 46 / Abschnitt 1.4
7						Seite 48 / Abschnitt 1.5

Einschätzung der Lehrerin oder des Lehrers:

____

____

____

2 Was ich über das Informieren gelernt habe – Portfolio

✔ Kann ich mindestens drei Strategien für eine Internetrecherche benennen und anwenden?

1 Beschreibe allgemein, welche Ergebnisse die aufgeführten Suchbefehle liefern.

a) „Reisekaufmann+Aachen“: ______________________________

____

b) „Reisekaufmann-Ausbildung“: ______________________________

____

c) „Reisekauf*“: ______________________________

____

d) „„Mehr als Urlaub!““: ______________________________

____

✔ Kann ich die Grundelemente einer Stellenanzeige erkennen?

2 Aus welchen Elementen besteht die folgende Stellenanzeige? Beschreibe ihren Aufbau!

Zum 1. September suchen wir

Paradies-Reisen – Mehr als Urlaub!

Auszubildende zur Reisekauffrau/ zum Reisekaufmann

Sie sind zuverlässig, können gut organisieren, haben Spaß am Umgang mit Menschen und interessieren sich für fremde Länder und Kulturen? Dann könnte die Ausbildung zur Reisekauffrau/zum Reisekaufmann für Sie der richtige Weg sein!

Folgende schulische Voraussetzungen erwarten wir von unseren zukünftigen Auszubildenden:
- mittlerer Bildungsabschluss (Realschule)
- gute Noten in Deutsch, Englisch und Mathematik

Wir sind ein traditionsreiches Reisebüro in der Aachener Altstadt (mit einem angeschlossenen Busreiseunternehmen) und bieten unseren Auszubildenden eine fundierte Ausbildung mit einer intensiven Prüfungsvorbereitung.

Wenn Sie die Anforderungen erfüllen und Interesse an einer vielfältigen und spannenden Ausbildung haben, dann freuen wir uns auf Ihre Bewerbung:

Paradies-Reisen • Domstraße 6 • 52321 Aachen • 0241/567–89 (Herr Michael Ratajczak)

Grundelemente: ____

____

____

____

____

____

Kann ich mich mit Formulierungshilfen auf eine Telefonanfrage vorbereiten?

3 Du möchtest dich bei der Firma „Paradies-Reisen" auf die Anzeige bewerben und zuerst die angegebene Kontaktperson, Herrn Ratajczak, anrufen. Entwirf eine Telefonanfrage und erstelle Formulierungshilfen zu folgenden Punkten:

a) den zuständigen Gesprächspartner erfragen:

____

____

b) sein Anliegen vortragen:

____

____

c) die eigene Motivation erklären:

____

____

d) Chancen und Bedingungen der Ausbildung erkunden:

____

____

Kann ich mich bei einer Telefonanfrage angemessen verhalten?

4 Formuliere allgemein, wie man sich bei einer Telefonanfrage angemessen verhält.

____

____

____

____

____

____

Kann ich ein eigenes Bewerbungsanschreiben verfassen?

5 Stell dir vor, du möchtest dich für diese Ausbildung bewerben. Verfasse den Mittelteil eines Bewerbungsanschreibens, in dem du darstellt, warum du deiner Meinung nach für diese Ausbildungsstelle geeignet bist.

____

____

____

____

____

____

____

Kann ich mindestens drei Fragetechniken und ihre Wirkung benennen?

6 Kreuze jeweils an, um welche Fragetechnik bzw. Frageart es sich handelt. Erläutere stichwortartig, welches Ziel man mit dieser Frageart verfolgt bzw. welche Wirkung sie hat.

a) „Was gefällt Ihnen an Ihrer Arbeit als Reisekauffrau?"

offene Frage ☐ Alternativfrage ☐ Entscheidungsfrage ☐ Balkonfrage ☐

Wirkung/Ziel: ______________________________

____

b) „Hat man in diesem Beruf gute Karrierechancen?"

offene Frage ☐ Alternativfrage ☐ Entscheidungsfrage ☐ Balkonfrage ☐

Wirkung/Ziel: ______________________________

____

c) „Viele Unternehmen verlangen gute Englischkenntnisse von ihren Bewerbern. Sind Englischkenntnisse wirklich so wichtig für einen Reisekaufmann?"

offene Frage ☐ Alternativfrage ☐ Entscheidungsfrage ☐ Balkonfrage ☐

Wirkung/Ziel: ______________________________

____

d) „Sollte man Ihrer Meinung nach diese Ausbildung besser in einem kleinen oder einem großen international tätigen Unternehmen durchlaufen?"

offene Frage ☐ Alternativfrage ☐ Entscheidungsfrage ☐ Balkonfrage ☐

Wirkung/Ziel: ______________________________

____

✓ Kann ich unterschiedliche Fragetechniken in einem Interview anwenden?

7 Du möchtest eine(n) Bekannte(n), die/der als Reisekaufmann/-frau arbeitet, nach diesem Beruf befragen. Formuliere drei Fragen an diese Person. Benutze jeweils eine andere Fragetechnik und benenne die Art der Frage.

Frage 1: ______________________________

____

Frage 2: ______________________________

____

Frage 3: ______________________________

____

Kontrolle und Einschätzung → Tipps zur Weiterarbeit

Lösungsheft Seite 1

Aufgabe	bearbeitet am:	wiederholt am:	Konnte ich gut. ☺	Das war mittel. 😐	Muss ich üben. ☹	Wenn du 😐 oder ☹ angekreuzt hast, dann bearbeite folgende Aufgaben im Teil Lernen und Üben:
1						Seite 49 / Abschnitt 2.1
2						Seite 50 / Abschnitt 2.2
3						Seite 52 / Abschnitt 2.3
4						Seite 52 / Abschnitt 2.3
5						Seite 53 / Abschnitt 2.4
6						Seite 56 / Abschnitt 2.5
7						Seite 56 / Abschnitt 2.5

Einschätzung der Lehrerin oder des Lehrers:

____

____

____

3 Was ich über das Schreiben gelernt habe – Portfolio

Kann ich Schreibaufgaben bzw. Textsorten nach ihrer Funktion unterscheiden?

1 Nenne zu den beiden aufgeführten Schreibformen jeweils zwei weitere Textsorten, die hauptsächlich diese Funktion haben.

a) kommunikatives Schreiben: *Werbetexte,* ______________________

b) kreatives Schreiben: *Gedichte,* ______________________

2 Erläutere kurz den Unterschied zwischen dem produktiv-interpretierenden Schreiben und dem analytisch-argumentierenden Schreiben. Gib für jede Form ein Beispiel an.

____
____
____
____
____
____

Kann ich eine Gliederung für meine Praktikumsmappe erstellen?

3 Nenne sechs Aspekte, auf die du in einer Praktikumsmappe unbedingt eingehen solltest.

____
____
____
____

Kann ich einen Tagesbericht für eine Praktikumsmappe erstellen?

4 Welche Aussagen über Tagesberichte treffen zu? Kreuze die richtigen Antworten an.

	richtig	falsch
a) Ein Tagesbericht ist chronologisch aufgebaut und unter Angabe der Uhrzeiten bzw. der Dauer der Tätigkeiten verfasst.	☐	☐
b) In einem Tagesbericht wird das Präteritum verwendet und in der ersten Person Singular geschrieben.	☐	☐
c) Ein Tagesbericht ist einerseits sachlich formuliert, kann aber andererseits auch persönliche Bewertungen der ausgeführten Tätigkeiten enthalten.	☐	☐

	richtig	falsch
d) Ein Tagesbericht enthält möglichst viele Fachbegriffe aus dem jeweiligen Beruf, damit deutlich wird, dass man sich gut in den Fachbereich eingearbeitet hat.	☐	☐
e) Ein Tagesbericht ist klar gegliedert und beantwortet die W-Fragen.	☐	☐

Kann ich die entscheidenden Aspekte nennen, die ich beim Verfassen einer Vorgangsbeschreibung berücksichtigen muss?

5 Ergänze die Aussagen über Vorgangsbeschreibungen sinngemäß.

a) Vorgangsbeschreibungen müssen im Tempus ________________ verfasst sein.

b) In der Vorgangsbeschreibung sind die einzelnen Schritte eines Vorgangs ________________ ____ beschrieben.

c) Die Sprache in Vorgangsbeschreibungen ist ________________________________.

d) In Vorgangsbeschreibungen sollte man darauf achten, dass die Satzanfänge ____________ ________________ formuliert sind.

Kann ich einen Interpretationsaufsatz planen und verfassen?

6 Du hast die Aufgabe, zu einer Kurzgeschichte einen Interpretationsaufsatz zu verfassen. Formuliere zu den aufgeführten Analysekriterien jeweils eine Frage, die du an den Text richten kannst.

a) Figuren: ____

____

____

b) Handlung: ____

____

____

c) Erzähltechnik: ____

____

____

d) Handlungsräume: ____

____

____

7 Welche Aussagen über den Aufbau und den Inhalt eines Interpretationsaufsatzes treffen zu? Kreuze die richtigen Antworten an.

	richtig	falsch
a) In der Einleitung werden der Autor, der Titel, die Textsorte und das Thema eines Textes genannt.	☐	☐
b) Im Hauptteil wird zunächst der Text als Nacherzählung wiedergegeben.	☐	☐
c) Die wichtigen Analyseergebnisse sind durch Textstellen belegt.	☐	☐
d) Am Ende des Hauptteils sind die wichtigsten Analyseergebnisse zusammengefasst.	☐	☐
e) Im Schlussteil wird noch einmal gründlich auf das Ende des zu interpretierenden Textes eingegangen.	☐	☐

Kann ich Texte überarbeiten?

8 Formuliere zu den Überarbeitungsaspekten jeweils eine Frage, die du an deinen Text richten kannst.

a) Inhalt: ______________________________

____

b) Aufbau/Gliederung: ______________________________

____

c) Sprache: ______________________________

____

d) äußere Form: ______________________________

____

9 Korrigiere den Ausschnitt aus einem Interpretationsaufsatz inhaltlich und sprachlich bzw. stilistisch. Du kannst dir dazu in der Randspalte Notizen machen. Schreibe den Ausschnitt anschließend in korrigierter Fassung ab.

*Bei der vorliegenden Erzählung handelt es
sich um eine Erzählung, die vom Autor als ☐
Ich-Erzählung gestalltet wurde, weshalb man
voll auf die Sicht des Ich-Erzählers fixiert ist ☐
und nur raten kann was den anderen Figuren
so im Kopf herumgeht, was andererseits aber ☐
auch wieder interessant ist, weil man so
eben mit dem Erzähler mitfiebert.* ☐

Randnotizen

Meine Überarbeitung: ______________________________

____

____

____

____

____

____

Kontrolle und Einschätzung ➜ Tipps zur Weiterarbeit

Lösungsheft Seite 2

Aufgabe	bearbeitet am:	wiederholt am:	Konnte ich gut. ☺	Das war mittel. 😐	Muss ich üben. ☹	Wenn du 😐 oder ☹ angekreuzt hast, dann bearbeite folgende Aufgaben im Teil Lernen und Üben:
1						Seite 57 / Abschnitt 3.1
2						Seite 57 / Abschnitt 3.1
3						Seite 58 / Abschnitt 3.2
4						Seite 59 / Abschnitt 3.2.1
5						Seite 60 / Abschnitt 2.2
6						Seite 61 / Abschnitt 3.3 Seite 75 / Abschnitt 5.2
7						Seite 61 / Abschnitt 3.3
8						Seite 61 / Abschnitt 3.3
9						Seite 61 / Abschnitt 3.3

Einschätzung der Lehrerin oder des Lehrers:

____

____

____

4 Was ich über Verständigung gelernt habe – Portfolio

Kann ich mich auf ein Vorstellungsgespräch vorbereiten und weiß ich, was mich dort erwartet?

1 Welche Aussagen über die Vorbereitung auf ein Vorstellungsgespräch sowie Vorstellungsgespräche selbst treffen zu? Kreuze die richtigen Antworten an.

	richtig	falsch
a) Im Rahmen der Vorbereitung auf ein Vorstellungsgespräch muss man sich gut über das Unternehmen informieren.	☐	☐
b) Zur Vorbereitung gehört auch die Ausarbeitung eines ca. fünfminütigen Kurzvortrags über die eigene Person (Familie, Schule, Kenntnisse, Stärken).	☐	☐
c) Bei der Vorbereitung überlegt man sich, welche Fragen gestellt werden könnten und wie man diese beantworten müsste.	☐	☐
d) Ein Vorstellungsgespräch hat in der Regel vier Phasen: Nach der Begrüßung (1) kann der Bewerber zunächst Fragen stellen (2), dann wird der Bewerber befragt (3); abschließend folgt die Verabschiedung (4).	☐	☐
e) In einem Vorstellungsgespräch sollte man die Möglichkeit nutzen, selbst Fragen zu stellen, da dies einen positiven Eindruck hinterlässt.	☐	☐

Kann ich mich (meine Kenntnisse, Leistungen und Interessen) in einem Bewerbungsgespräch positiv darstellen und ggf. auch auf mir unangenehme Fragen angemessen reagieren?

2 In einem Vorstellungsgespräch werden dir die beiden folgenden Fragen gestellt. Erläutere allgemein, worauf es bei der Antwort ankommt.

Warum möchten Sie diesen Beruf erlernen? Worauf es bei der Antwort ankommt:

____

____

____

____

Womit beschäftigen Sie sich in Ihrer Freizeit? Worauf es bei der Antwort ankommt:

____

____

____

____

3 Erläutere allgemein, worauf es bei der Antwort auf dir unangenehme Fragen ankommt.

____

____

Kann ich die wesentlichen Merkmale von freien und textgebundenen Erörterungen nennen?

4 Welche Aussagen über freie und textgebundene Erörterungen treffen zu?
Kreuze die richtigen Antworten an.

	richtig	falsch
a) Bei einer textgebundenen Erörterung geht es zunächst darum, dass man den Standpunkt des Verfassers und seine Argumentationsweise analysiert.	☐	☐
b) In einer textgebundenen Erörterung stellt man sich gegen die Meinung des Verfassers des Ausgangstextes und widerlegt seine Argumentationsweise so gut wie möglich.	☐	☐
c) Einer freien Erörterung liegt stets ein Ausgangstext zugrunde, sie heißt „frei“, weil es freisteht, sich der Meinung des Verfassers anzuschließen oder sie argumentativ zu widerlegen.	☐	☐
d) Einer freien Erörterung liegt in der Regel eine strittige Frage zugrunde, die durch Abwägen der verschiedenen Pro- und Kontra-Argumente diskutiert und schließlich entschieden wird.	☐	☐

Kann ich das Strittige an einem Thema erkennen?

5 Lies dir den Artikel durch und benenne den strittigen Punkt, um den es im Bericht geht.

Rauchverbot für Tom und Jerry

clb. LONDON, 22. August. Seit mehr als 60 Jahren erfreuen sich Kinder an den Abenteuern von Tom und Jerry. Kleine Fernsehzuschauer in England jedoch müssen künftig auf Geheiß der britischen Regulierungsbehörde (Ofcom) auf einige Szenen verzichten. Es liegt nicht daran, dass sich Tom und Jerry teils brutal die Köpfe einschlagen. Vielmehr stören sich die Aufpasser daran, dass die Comic-Helden ab und an zur Zigarre greifen. Nach den Statuten der Behörde dürfen in einem Kindersender keine Filme gezeigt werden, die zum Rauchen ermutigen. Dass die Filme in einer Zeit entstanden, in denen das Rauchen gang und gäbe war, ließ sie zwar gelten. Das ändere aber nichts an der Entscheidung. Die Produktionsfirma Turner, in deren Kinderkanal Boomerang „Tom und Jerry“ ausgestrahlt wird, sicherte zu, das Archiv nach rauchverherrlichenden Szenen zu durchstöbern. Bisher sind den Zensoren zwei Szenen zum Opfer gefallen, über die sich ein erwachsener Zuschauer beschwert hatte. In der 1948 produzierten Folge „Tennis Champs“ (Tom und Tim am Ball) spielt ein Rivale Toms mit einer langen Zigarre im Mund Tennis. In „Texas Tom“ rollt der alte

Kater Tom eine Zigarette, zündet sie an und raucht, um einer hübschen Katzendame zu imponieren. Turner teilte mit, dass auch ihnen nicht daran gelegen sei, Kinder zum Rauchen zu verführen. Allerdings fürchte man um den künstlerischen Wert der Trickfilme, wenn sämtliche Raucherszenen entfernt werden müssten. Sprecher von Raucherorganisationen nannten die Aufforderung der Regulierungsbehörde „lächerlich". Aber auch von Nikotingegnern kam Kritik. „Wir können doch nicht die Geschichte neu erfinden, indem wir Hollywood-Klassiker nachträglich verändern", sagte Amanda Sandford, Sprecherin der Organisation Ash, dem *Daily Mirror*. Zeichentrickfreunde fürchten jetzt schon um weitere Comic-Helden, allen voran Kettenraucher Popeye, der selten ohne sein Pfeifchen im Mund zu sehen ist.

Frankfurter Allgemeine Zeitung vom 23. 08. 2006

____

____

✔ Kann ich den Argumentationsgang eines Textes untersuchen?

6 Lies noch einmal den Artikel durch und erkläre, weshalb zwei Folgen der Serie zensiert worden sind. Unterscheide in deiner Antwort zwischen der rechtlichen Ursache und dem Anlass für diese Zensur.

____

____

____

____

____

7 Auf welche im Text genannte Tatsache lässt sich die Aussage „Wir können doch nicht die Geschichte neu erfinden, indem wir Hollywood-Klassiker nachträglich verändern" (Z. 20 f.) von Amanda Sandford beziehen? Markiere die entsprechende Textstelle.

8 Welches weitere Argument gegen eine Zensur der Zeichentrickfilme wird genannt? Markiere auch dieses mit einer anderen Farbe.

✔ Kann ich freie und textgebundene Erörterungen schreiben?

9 Vervollständige sinngemäß die Aussagen über die Schreibvorbereitung (samt Schreibplan) für die Gestaltung bzw. den Aufbau von Erörterungen.

a) Sowohl freie als auch textgebundene Erörterungen sind gegliedert in ________________

____ .

b) Freie Erörterungen enthalten in ____________________ einen Problemaufriss.

c) Im Rahmen der Schreibvorbereitung sammelt man nicht nur Argumente, sondern man

____.

d) Bei freien Erörterungen verbindet man ______________________________
und ______________________ sie zu Argumentationsketten.

Kontrolle und Einschätzung ➜ Tipps zur Weiterarbeit

Lösungsheft Seite 2

Aufgabe	bearbeitet am:	wiederholt am:	Konnte ich gut. ☺	Das war mittel. 😐	Muss ich üben. ☹	Wenn du 😐 oder ☹ angekreuzt hast, dann bearbeite folgende Aufgaben im Teil Lernen und Üben:
1						Seite 63 / Abschnitt 4.1
2						Seite 63 / Abschnitt 4.1
3						Seite 63 / Abschnitt 4.1
4						Seite 66 / Abschnitt 4.2
5						Seite 66 / Abschnitt 4.2
6						Seite 66 / Abschnitt 4.2
7						Seite 66 / Abschnitt 4.2
8						Seite 66 / Abschnitt 4.2
9						Seite 66 / Abschnitt 4.2 Seite 70 / Abschnitt 4.3

Einschätzung der Lehrerin oder des Lehrers:

____

____

____

5 Was ich über den Umgang mit literarischen Texten gelernt habe – Portfolio

Kann ich für jede der drei literarischen Hauptgattungen verschiedene Textsorten angeben?

1 Nenne zu jeder literarischen Gattung drei Textsorten.

Epik: ______________________________

Lyrik: ______________________________

Drama: ______________________________

Kann ich unterschiedliche Erzählweisen sowie Formen der Figurenrede nennen und in Texten erkennen?

2 Ist der Text eher dem berichtenden, beschreibenden oder szenischen Erzählen zuzuordnen? Begründe deine Meinung.

Thomas Bernhard: Der Diktator

Der Diktator hat sich aus über hundert Bewerbern einen Schuhputzer ausgesucht. Er trägt ihm auf, nichts zu tun, als seine Schuhe zu putzen. Das bekommt dem einfachen Manne vom Land, und er nimmt rasch an Gewicht zu und gleicht seinem Vorgesetzten – und nur dem Diktator ist er unterstellt – mit den Jahren um ein Haar. Vielleicht ist das auch zu einem Teil darauf zurückzuführen, dass der Schuhputzer dieselbe Kost isst wie der Diktator. Er hat bald dieselbe dicke Nase und, nachdem er seine Haare verloren hat, auch denselben Schädel. Ein wulstiger Mund tritt heraus, und wenn er grinst, zeigt er die Zähne. Alle, selbst die Minister und die nächsten Vertrauten des Diktators, fürchten sich vor dem Schuhputzer. Am Abend kreuzt er die Stiefel und spielt auf einem Instrument. Er schreibt lange Briefe an seine Familie, die seinen Ruhm im ganzen Land verbreitet: „Wenn man der Schuhputzer des Diktators ist", sagen sie, „ist man dem Diktator am nächsten." Tatsächlich ist der Schuhputzer auch dem Diktator am nächsten, denn er hat immer vor seiner Türe zu sitzen und sogar dort zu schlafen. Auf keinen Fall darf er sich von seinem Platz entfernen. Eines Nachts jedoch, als er sich stark genug fühlt, betritt er unvermittelt das Zimmer, weckt den Diktator und schlägt ihn mit der Faust nieder, sodass er tot liegen bleibt. Rasch entledigt sich der Schuhputzer seiner Kleider, zieht sie dem toten Diktator an und wirft sich selbst in das Gewand des Diktators. Vor dem Spiegel des Diktators stellt er fest, dass er tatsächlich aussieht wie der Diktator. Kurz entschlossen stürzt er vor die Tür und schreit, sein Schuhputzer habe ihn überfallen. Aus Notwehr habe er ihn niedergeschlagen und getötet. Man solle ihn fortschaffen und seine hinterbliebene Familie benachrichtigen.

berichtendes Erzählen ☐ beschreibendes Erzählen ☐ szenisches Erzählen ☐

Meine Begründung: ______________________________

____

____

____

3 Im Text „Der Diktator" werden zwei Formen der Figurenrede verwendet. Nenne die beiden Formen und schreibe die Beispiele heraus.

____

____

Kann ich unterschiedliche Möglichkeiten der Zeitgestaltung in erzählenden Texten benennen und erläutern?

4 Um welche Form des Erzählens handelt es sich beim Text „Der Diktator"? Kreuze die richtige Antwort an und begründe kurz deine Antwort.

zeitraffendes Erzählen ☐ zeitdeckendes Erzählen ☐ zeitneutrales Erzählen ☐

Begründung: ______________________________

____

____

Kann ich Handlungs- und Stimmungsräume in einem Text erkennen?

5 Notiere, was man in dem Text „Der Diktator" über den Handlungsraum erfährt.

____

____

Kann ich wichtige Kennzeichen von Romanen, Novellen, Kurzgeschichten, Gleichnissen und Parabeln nennen und an einem Beispiel verdeutlichen?

6 Welche Aussagen über die verschiedenen Textsorten treffen zu? Kreuze die richtigen Antworten an.

	richtig	falsch
a) Novellen sind im Aufbau einem Drama vergleichbar; wie im Drama geht es um einen zentralen Konflikt.	☐	☐
b) Novellen haben, wie auch Romane, häufig einen Umfang von mehreren hundert Seiten.	☐	☐
c) Romane zeichnen sich meist durch eine mehrsträngige Handlung mit unterschiedlichen Schauplätzen aus.	☐	☐

	richtig	falsch
d) Wie Kurzgeschichten gehören auch Parabeln und Gleichnisse zu den Kurzformen des Erzählens.	☐	☐
e) Parabeln unterscheiden sich von Gleichnissen dadurch, dass Parabeln – wie auch Fabeln – stets im Tierreich spielen.	☐	☐

✔ Kann ich ein Gedicht analysieren und interpretieren?

7 Beschreibe den Aufbau des Gedichts und erläutere, welche Wirkung dadurch entsteht.

Karl Kraus: Nächtliche Stunde

Nächtliche Stunde, die mir vergeht,
Da ich's ersinne, bedenke und wende,
Und diese Nacht geht schon zu Ende.
Draußen ein Vogel sagt: es ist Tag.

Nächtliche Stunde, die mir vergeht,
Da ich's ersinne, bedenke und wende,
Und dieser Winter geht schon zu Ende.
Draußen ein Vogel sagt: es ist Frühling.

Nächtliche Stunde, die mir vergeht,
Da ich's ersinne, bedenke und wende,
Und dieses Leben geht schon zu Ende.
Draußen ein Vogel sagt: es ist Tod.

✔ Kann ich erklären, was ein „dramatischer Konflikt" ist und wie der Spannungsbogen in einem traditionellen Drama verläuft?

8 Erkläre, welche Funktion die Exposition im traditionellen Drama hat. Gehe in diesem Zusammenhang auch auf den dramatischen Konflikt ein.

9 Erläutere kurz, welche Funktion der vierte Akt im traditionellen Drama hat.

____

____

____

____

____

____

Kontrolle und Einschätzung ➜ Tipps zur Weiterarbeit

Lösungsheft Seite 3

Auf-gabe	bear-beitet am:	wieder-holt am:	Konnte ich gut. ☺	Das war mittel. 😐	Muss ich üben. ☹	Wenn du 😐 oder ☹ angekreuzt hast, dann bearbeite folgende Aufgaben im Teil Lernen und Üben:
1						Seite 73 / Abschnitt 5.1
2						Seite 75 / Abschnitt 5.2.1
3						Seite 77/ Abschnitt 5.2.2
4						Seite 78 / Abschnitt 5.2.3
5						Seite 78 / Abschnitt 5.2.4
6						Seite 79 / Abschnitt 5.3
7						Seite 81 / Abschnitt 5.4
8						Seite 84 / Abschnitt 5.5
9						Seite 84 / Abschnitt 5.5

Einschätzung der Lehrerin oder des Lehrers:

____

____

____

6 Was ich über den Umgang mit Sachtexten gelernt habe – Portfolio

Kann ich die Unterschiede der drei Anforderungsbereiche benennen?

1 Erläutere allgemein, welche Erwartungen mit den drei Anforderungsbereichen bei Schreibaufgaben verbunden sind.

Anforderungsbereich 1: ______________________________

Anforderungsbereich 2: ______________________________

Anforderungsbereich 3: ______________________________

Kann ich aus jedem der drei Anforderungsbereiche je drei exemplarische Anforderungen nennen?

2 Ordne die Arbeitsanweisungen (Operatoren) den drei Anforderungsbereichen zu, indem du sie in die richtige Spalte der Tabelle schreibst.

beschreiben – Stellung nehmen – darstellen – in Beziehung setzen – Schlussfolgerungen ziehen – vergleichen – prüfen – erklären – nennen

Anforderungsbereich 1	Anforderungsbereich 2	Anforderungsbereich 3
•	•	•
•	•	•
•	•	•

Kann ich die mit den Operatoren verbundenen Anforderungen beschreiben und entsprechende Arbeitsaufträge bearbeiten?

3 Beschreibe stichwortartig, welche Anforderungen mit den aufgeführten Operatoren verbunden sind.

beschreiben: ______________________________

____

erklären: ______________________________

____

prüfen: ______________________________

____

4 Lies den Text und fasse seine wesentlichen Aussagen in wenigen Sätzen zusammen.

Gift für die Ohren?

Von Frank Patalong

Der iPod ist Kult – und steht in den USA zunehmend in der Kritik. Seine Gegner behaupten, MP3-Player schädigten das Gehör. Ein US-Kongressabgeordneter will es genau wissen. [...]

Wenn es nach dem US-Kongressabgeordneten Edward Markey ginge, müssten iPods und andere MP3-Player künftig Warnhinweise der Gesundheitsbehörden tragen, wie sie heute auf Zigarettenpackungen üblich sind. „Die Konsumenten brauchen gute Informationen über die potenziellen Gesundheitsrisiken dieser Geräte", schrieb er in einem Brief an das National Institute of Deafness and Other Communication Disorders. „Sie wollen ihre tragbaren Musikgeräte nicht aufgeben. Sie müssen aber wissen, dass sie damit vorzeitige Hörverluste riskieren und wie sie sich davor schützen können."

Deshalb, so Markey in dem offenen Brief, sei eine gründliche Untersuchung der vorliegenden wissenschaftlichen Daten zu diesem Thema durch das National Health Institute (NHI) nötig.

Losgetreten wurde die Debatte vor rund sechs Wochen: Für Apples iPod zeichneten sich Rekordumsätze im Weihnachtsgeschäft ab. Die „American Speech-Language-Hearing Association" (ASHA) brachte das Thema als Warnung vor möglichen Hörschäden auf den Weg, die „American Tinnitus Association" (ATA) nahm es dankbar auf – und schnell folgten Medienberichte, die die These mit Expertenmeinungen stützten. Selbst „The Who"-Gitarrist Pete Townshend warnte kürzlich vor den Gefahren des digitalen Musikkonsums.

Zum meistzitierten Experten avancierte Dean Garstecki von der Northwestern University (Evanston und Chicago), der sich mit einer Beobachtung aus der täglichen Praxis vorwagte: Bei fleißigen iPod-Nutzern, sagte er auf Anfrage einer Nachrichtenagentur, „sehen wir den typischen Hörverlust, den wir von älteren Menschen kennen".

Richtige, nach wissenschaftlichen Methoden erhobene Daten über mögliche, durch MP3-Player induzierte Hörschäden fehlen dagegen bisher, schrieb am 17. Januar Gregory Mott in der „Washington Post". In dieser Hinsicht lägen allenfalls Untersuchungen über tragbare CD-Player vor, die teils Lautstärken von über 120 Dezibel erbracht hätten. iPods hingegen kämen da „nur" auf 100 Dezibel – was dem Geräuschpegel einer Kettensäge entspräche. In Europa verkaufte iPods sind in ihrem Sound-Output allerdings aufgrund einer EU-Verordnung reduziert.

Von der Hörgeschädigten-Lobby immer wieder gern in die Diskussion geworfene Statistiken über zunehmende Hörschädigungen entsprächen dagegen zwar den Tatsachen, dokumentierten aber auch klar, dass dieser Trend nicht mit dem Aufkommen von MP3-Playern einsetzte, sondern mit der industriellen Revolution. Immer mehr zunehmender Umweltlärm im Alltag und am Arbeitsplatz gelten als Hauptursachen, Verbindungen zu tragbaren Musikgeräten als Trendverstärker seien zwar denkbar, aber letztlich nicht nachgewiesen.

Wie auch immer: Die Experten der ASHA gehen davon aus, dass es nicht nur der reine Lautdruck sei, der beim Einsatz von MP3-Playern (in den USA steht der iPod aufgrund seines Marktanteils quasi als Synonym für die gesamte Geräteklasse) zu Schäden führen könnte. Ursächlich könnte hier vor allem der Einsatz von Ohrstöpseln als Lautsprecher sein. Im Gegensatz zu herkömmlichen Kopfhörern, die auf der Ohrmuschel aufliegen, beschallen die „Knöpfe im Ohr“ das Trommelfell aus Millimeter-Abstand. […]

5 Was fordert der US-Kongressabgeordnete Edward Markey? Nenne seine Forderungen.

6 Stelle dar, welche Gründe laut Text dafür sprechen, dass MP3-Player Hörschädigungen hervorrufen.

7 Prüfe, ob die Faktenlage den Schluss zulässt, dass die Benutzung von MP3-Playern gefährlich für die Gesundheit des Gehörs ist. Stelle deine Überlegungen in einem kurzen Text dar.

____

____

____

____

____

____

____

Kontrolle und Einschätzung → Tipps zur Weiterarbeit

Lösungsheft Seite 3

Aufgabe	bearbeitet am:	wiederholt am:	Konnte ich gut. ☺	Das war mittel. 😐	Muss ich üben. ☹	Wenn du 😐 oder ☹ angekreuzt hast, dann bearbeite folgende Aufgaben im Teil Lernen und Üben:
1						Seite 87 / Abschnitt 6.1 Seite 41 / Abschnitt 1.1
2						Seite 87 / Abschnitt 6.1 Seite 41 / Abschnitt 1.1
3						Seite 87 / Abschnitt 6.1
4						Seite 88 / Abschnitt 6.2 Seite 41 / Abschnitt 1.1 Seite 42 / Abschnitt 1.2
5						Seite 88 / Abschnitt 6.2 Seite 42 / Abschnitt 1.2
6						Seite 88 / Abschnitt 6.2 Seite 42 / Abschnitt 1.2
7						Seite 88 / Abschnitt 6.2 Seite 46 / Abschnitt 1.4 Seite 48 / Abschnitt 1.5

Einschätzung der Lehrerin oder des Lehrers:

____

____

____

7 Was ich über den Umgang mit Medien gelernt habe – Portfolio

Kann ich mithilfe eines Personalcomputers Diagramme erstellen?

1 Beschreibe kurz allgemein die Hauptschritte, die du ausführen musst, um mithilfe eines Personalcomputers ein Diagramm zu erstellen.

____

____

____

____

____

____

____

____

____

____

____

____

Kann ich mithilfe eines Personalcomputers eine Präsentation anlegen und weiß ich, worauf es bei einer gelungenen Präsentation ankommt?

2 Welche Aussagen über einen gelungenen Vortrag mit einem Präsentationsprogramm treffen zu? Kreuze die richtigen Antworten an.

	richtig	falsch
a) Wenn Folien verwendet werden, müssen Schriften und Hintergründe so gewählt sein, dass die Folien von den Zuhörern gut gelesen werden können.	☐	☐
b) Die Folien sollten abwechslungsreich gestaltet sein und möglichst kein durchgehendes Design aufweisen.	☐	☐
c) Bei der Gestaltung der Folien ist darauf zu achten, dass Bilder und Texte nicht auf denselben Folien erscheinen.	☐	☐
d) Die Folien sind so zu gestalten, dass sie nicht mit Texten oder Bildern überladen werden.	☐	☐
e) Da die Folien einen Vortrag visuell unterstützen und ihn nicht ersetzen, ist das bloße Vorlesen der Folien vom Vortragenden zu vermeiden.	☐	☐

Kann ich die technische Machart (Kamera, Montage usw.) von Filmen mithilfe von Fachbegriffen beschreiben?

3 Um welche Kameraeinstellung handelt es sich bei den beiden Bildern jeweils? Benenne die Einstellung und erläutere kurz, wann bzw. warum man diese Einstellung meistens benutzt.

1

2

Bild 1: ______________________________

____

____

Bild 2: ______________________________

____

____

Kontrolle und Einschätzung → Tipps zur Weiterarbeit

Lösungsheft Seite 4

Aufgabe	bearbeitet am:	wiederholt am:	Konnte ich gut. ☺	Das war mittel. 😐	Muss ich üben. ☹	Wenn du 😐 oder ☹ angekreuzt hast, dann bearbeite folgende Aufgaben im Teil Lernen und Üben:
1						Seite 91 / Abschnitt 7.1
2						Seite 92 / Abschnitt 7.2
3						Seite 94 / Abschnitt 7.3

Einschätzung der Lehrerin oder des Lehrers:

____

____

____

8 Was ich über Grammatik gelernt habe – Portfolio

Kann ich Wörter nach ihrer Wortart klassifizieren?

1 Bestimme alle Wörter der Scherzfrage nach ihrer Wortart.

Scherzfrage

Was ist das Gegenteil von „analog[1]"? – Sehr einfach: „Anna sprach die Wahrheit."

[1] aus griech. *ana* „nach Art von" und *logos* „Wort, Rede" = „entsprechend, ähnlich, sinngemäß"; in der Datenverarbeitung das Gegenteil von „digital"

____

____

____

____

____

2 Ergänze in den Sätzen die einzelnen Wortarten sinngemäß.

a) Verben werden in flektierter Form bestimmt nach Person, Numerus, Tempus, ____________ und ____________ .

b) Adjektive sind deklinierbar und können außerdem ____________ bilden.

c) Konjunktionen, Präpositionen und Adverbien sind im Gegensatz zu den anderen Wortarten ____________ .

d) Präpositionen bestimmen ____________ ihres Bezugswortes.

Kann ich die Beziehungen benennen, in denen die Bedeutungen von Wörtern zueinander stehen?

3 Erläutere, was man unter „Wortfamilie" und „Wortfeld" versteht. Gib dabei jeweils ein Beispiel für diese Begriffe an.

____

____

____

____

____

____

4 Erkläre die Scherzfrage „analog – Anna sprach die Wahrheit" mithilfe der Begriffe „Homonym" und „Antonym".

____

____

____

5 Ergänze die Tabelle, indem du die fehlenden Oberbegriffe ergänzt und zu jedem Oberbegriff sechs Unterbegriffe einträgst.

Oberbegriff:			**Obst**	**Vogel**
Unterbegriffe:	Tulpe Rose Nelke Narzisse Lilie Orchidee	Hammer Zange		

6 Überlege dir für die aufgeführten Lebensmittel eine sinnvolle Gliederung. Trage die Wörter anschließend unter den richtigen Oberbegriffen in die Tabelle ein.

Mortadella – Auberginen – Sahne – Quark – Salat – Salami – Brötchen – Gurken – Croissant – Baguette – Tomaten – Schinken – Bauernbrot – Käse – Lyoner – Joghurt

Oberbegriff:				
Unterbegriffe:				

Kann ich rhetorische Figuren erkennen und sie bestimmen?

7 Bestimme jeweils, um welche rhetorische Figur es sich handelt.

a) das ist ja eine Ewigkeit her: ______________________

b) Flug der Gedanken: ______________________

c) vollschlank: ______________________

d) Der Wald steht *schwarz* und *schweiget:* ______________________

e) Bill Gates ist *nicht unvermögend:* ______________________

Kann ich Verbformen erkennen, bestimmen, bilden und richtig verwenden?

8 Bestimme die Verbformen nach Tempus und Modus sowie der Handlungsform.

a) du wurdest gesehen: ______________________

b) ich käme: ______________________

c) er wird verhaftet werden: ______________________

d) er komme: ______________________

9 Welche Aussagen über Verbformen und ihre Anwendung treffen zu? Kreuze die richtigen Antworten an.

	richtig	falsch
a) Das Plusquamperfekt wird mit dem Partizip II eines Verbs gebildet (z. B. *sie hatte studiert*).	☐	☐
b) Im Deutschen werden zwei Modi (Aussagenweisen eines Verbs) unterschieden.	☐	☐
c) Im Deutschen unterscheidet man neben einem Vorgangspassiv (z. B. *die Straße wird geteert*) auch ein Zustandspassiv (z. B. *die Straße ist geteert*).	☐	☐
d) Der Konjunktiv wird ausschließlich zur Kennzeichnung der indirekten Rede verwendet.	☐	☐

10 Erläutere, wann man gewöhnlich die *würde*-Form verwendet.

____

____

Kann ich Adverbial- und Attributsätze erkennen, bestimmen und bilden?

11 Bestimme die markierten Adverbialsätze nach der Art der Umstandsangabe.

a) Nachdem es dunkel geworden war, machten sie ein Feuer. ______________________

b) Sie kannten sich sehr gut, da sie gemeinsam zur Schule gegangen sind. ______________________

c) Falls es nicht regnet, machen sie morgen eine Wanderung. ______________________

d) Sie nahmen die Wohnung, obwohl sie sehr teuer war. ______________________

12 Forme die beiden unterstrichenen Wendungen in bedeutungsgleiche Nebensätze um. Handelt es sich jeweils um einen Adverbial- oder um einen Attributsatz?

a) Zur Vorbereitung auf die Reise kauften sie sich einen Reiseführer.

Umformung: ______________________

b) Er arbeitete am liebsten am Computer seines Vaters.

Umformung: ______________________________

a) ____________________ b) ____________________

Kontrolle und Einschätzung → Tipps zur Weiterarbeit

Lösungsheft Seite 4

Aufgabe	bearbeitet am:	wiederholt am:	Konnte ich gut. ☺	Das war mittel. 😐	Muss ich üben. ☹	Wenn du 😐 oder ☹ angekreuzt hast, dann bearbeite folgende Aufgaben im Teil Lernen und Üben:
1						Seite 97 / Abschnitt 8.1
2						Seite 97 / Abschnitt 8.1
3						Seite 98 / Abschnitt 8.2 Seite 100 / Abschnitt 8.3
4						Seite 100 / Abschnitt 8.4
5						Seite 100 / Abschnitt 8.4
6						Seite 100 / Abschnitt 8.4
7						Seite 104 / Abschnitt 8.6
8						Seite 106 / Abschnitt 8.7
9						Seite 106 / Abschnitt 8.7.1
10						Seite 106 / Abschnitt 8.7.1
11						Seite 109 / Abschnitt 8.7.2
12						Seite 109 / Abschnitt 8.7.2

Einschätzung der Lehrerin oder des Lehrers:

____

____

9 Was ich über Rechtschreibung und Zeichensetzung gelernt habe – Portfolio

✔ Kann ich die wichtigsten Regeln zur Groß- und Kleinschreibung erklären und anwenden?

1 Vervollständige die Regeln zur Groß- und Kleinschreibung sinngemäß.

a) Verbindungen aus nur einer Präposition und einem nichtdeklinierten Adjektiv werden stets ______________________ .

b) Verbindungen aus nur einer Präposition und ______________________ können sowohl groß- als auch kleingeschrieben werden.

c) ______________________ Nomen werden in Verbindung mit den Verben *sein*, *bleiben* und *werden* kleingeschrieben.

✔ Kann ich die wichtigsten Regeln zur Getrennt- und Zusammenschreibung erklären und anwenden?

2 Welche Aussagen über die Getrennt- und Zusammenschreibung treffen zu? Kreuze die richtigen Antworten an.

	richtig	falsch
a) Verbverbindungen mit „lassen" und „bleiben" als zweitem Bestandteil müssen zusammengeschrieben werden, wenn die Verbindung eine übertragene Bedeutung hat.	☐	☐
b) Verbindungen aus Adjektiv + Verb müssen zusammengeschrieben werden, wenn die Verbindung eine übertragene Bedeutung hat.	☐	☐
c) Verbindungen aus Adjektiv + Verb müssen zusammengeschrieben werden, wenn das Adjektiv eine Eigenschaft als Ergebnis der Handlung bezeichnet.	☐	☐
d) Verbindungen aus zwei Adjektiven müssen zusammengeschrieben werden, wenn der erste Bestandteil bedeutungsverstärkend oder -vermindernd ist oder wenn die beiden Bestandteile gleichrangig sind.	☐	☐
e) Verbindungen mit einem Adjektiv als Grundwort werden zusammengeschrieben, wenn der erste Bestandteil mit einer Wortgruppe paraphrasierbar ist.	☐	☐

Kann ich die wichtigsten nichtdeutschen Suffixe erkennen und sicher schreiben?

3 Mit welcher lateinischen Endung lässt sich das Wort „Thema" ableiten? Nenne die Endung und gib drei weitere Beispiele für diese Ableitung an.

lateinische Ableitung des Wortes „Thema": ______

weitere Beispielwörter: ______

4 Nenne drei weitere lateinische Endungen und gib jeweils zwei Beispielwörter an.

a) Endung: ______

Beispielwörter: ______

b) Endung: ______

Beispielwörter: ______

c) Endung: ______

Beispielwörter: ______

Kann ich schwierige Buchstabenkombinationen bei Wörtern fremder Herkunft richtig schreiben?

5 Entscheide aufgrund deiner Kenntnis fremder Buchstabenkombinationen, wie hier geschrieben werden muss. Schreibe die Wörter richtig auf.

a) rombisch/rhombisch (Wort griech. Herkunft): ______

b) Lamborgini/Lamborghini (ital. Wort, Aussprache: …gi…): ______

c) Synekdoche/Sünekdoche (Wort griech. Herkunft): ______

d) Camouflage/Camuflasche (Wort französ. Herkunft): ______

e) Celesta/Chelesta (ital. Wort, Aussprache: Tsch…): ______

6 Kreuze die richtige Schreibweise an. Wenn du dir nicht sicher bist, benutze ein Wörterbuch.

a) Reumatismus	☐	Rheumatismus	☐	Rheumathismus	☐
b) Orthografie	☐	Orthographie	☐	Ortografie	☐
c) brilliant	☐	briliant	☐	brillant	☐
d) Cappuccino	☐	Capuccino	☐	Cappucino	☐

7 Schreibe das französische Fremdwort für die Umschreibung auf. Wenn du dir nicht sicher bist, benutze ein Wörterbuch.

a) anderes Wort für „Nachspeise": *De* ______

b) eine Art dünner Pfannkuchen: *Cr* ______

c) Frau, die modische Kleider vorführt: *Ma* ______

d) WC, Klosett; Frisiertisch; feine Kleidung: *To* ______

e) Tierbändiger: *Do* ______________

f) Auto mit sportlicher Karosserie; Wagenabteil: *Cou* ______________

g) Hochfläche, Hochebene: *Pla* ______________

h) modisches Zubehör: *Ac* ______________

✔ Kann ich die wichtigsten Regeln zur Verwendung von Satzzeichen nennen und anwenden?

8 Begründe jeweils, weshalb das in den Sätzen markierte Komma stehen muss.

a) Plötzlich kam ihm der Gedanke, noch einige Tage länger zu bleiben.

Begründung: ____

b) Im Geschäft führten sie neben Zeitschriften auch Schreibwaren, Landkarten und Bücher.

Begründung: ____

c) Er, als Polizist, konnte in dieser Sache nicht anders handeln.

Begründung: ____

d) Er konnte in dieser Sache nicht anders handeln, als er es getan hatte.

Begründung: ____

9 Setze in den Text die fehlenden Kommas ein.

Jürgen Becker: Früher war alles ganz anders

Früher war alles ganz anders. Die Städte alle waren viel größer und die Dörfer waren noch Dörfer. Früher gab es noch Gerechtigkeit und wer nicht hören wollte musste eben fühlen. Da waren unsere Lehrer noch die Lehrer unserer Eltern. Sonntags zogen wir noch Sonntagsanzüge an. Die Kirche stand in unserem Dorf. Die Wacht stand noch am Rhein. Früher wussten wir dass Gott mit uns ist. Früher kam auch noch Hans Muff. Wen wir fingen der kam an den Marterpfahl. Die Sommer waren richtige Sommer. Die Ferien sahen immer endlos aus. Die Milch war noch gesund. Früher wussten wir woran wir uns zu halten hatten. Da wurde noch gewandert. Wer im Wirtshaus saß der saß auch bald im Klingelpütz. Früher ging man noch zu Fuß. Da schützte man seine Anlagen. Da gab's so was nicht. Da gab es noch Feinde bei denen man das Weiße im Auge erblicken konnte. Wohin man auch ging man traf immer auf Gleichgesinnte. Wer es nicht besser wusste der hielt auch den Mund und wem es absolut nicht passen wollte der konnte ja bleiben wo der Pfeffer wächst. Früher gab es noch Mohren Indianer und Chinesen. Früher ging das alles viel einfacher. Da wäre doch nie so was passiert. Da gab es das alles nicht. Früher hörte man noch zu wenn man von früher erzählte.

Kontrolle und Einschätzung ➜ Tipps zur Weiterarbeit

Lösungsheft Seite 4 und 5

Auf-gabe	bear-beitet am:	wieder-holt am:	Konnte ich gut. ☺	Das war mittel. 😐	Muss ich üben. ☹	Wenn du 😐 oder ☹ angekreuzt hast, dann bearbeite folgende Aufgaben im Teil Lernen und Üben:
1						Seite 116 / Abschnitt 9.2 Seite 121 / Abschnitt 9.5.2
2						Seite 118 / Abschnitt 9.3 Seite 120 / Abschnitt 9.5.1
3						Seite 113 / Abschnitt 9.1.1
4						Seite 113 / Abschnitt 9.1.1
5						Seite 113 / Abschnitt 9.1
6						Seite 113 / Abschnitt 9.1
7						Seite 115 / Abschnitt 9.1.3
8						Seite 119 / Abschnitt 9.4
9						Seite 119 / Abschnitt 9.4

Einschätzung der Lehrerin oder des Lehrers:

___

___

___

10 Was ich über Lern- und Arbeitstechniken gelernt habe – Portfolio

Kann ich zwischen Kenntnissen und Fähigkeiten als Lerninhalte unterscheiden?

1 Erläutere mithilfe von Beispielen deiner Wahl den Unterschied zwischen Kenntnissen (Wissen) und Fähigkeiten (Methoden, Verfahren).

____

____

____

____

____

Kann ich den Augen-, Ohr-, Gesprächs- und Hand-Lerntyp erklären?

2 Ergänze die Aussagen über Augen-, Ohr-, Gesprächs- und Hand-Lerntypen sinngemäß.

a) Der ______________-Lerntyp kann in Prüfungssituationen den Lernstoff gleichsam vor seinem „inneren Auge“ sehen.

b) Der ______________-Lerntyp bevorzugt „learning by doing“.

c) Der Ohr-Lerntyp lernt besonders gut, wenn ______________________________

____

Kann ich den Aufbau eines Protokolls beschreiben?

3 Welche Aussagen über den Aufbau von Protokollen treffen zu?
Kreuze die richtigen Antworten an.

	richtig	falsch
a) Protokolle haben einen so genannten Protokollkopf, in dem der Titel der Veranstaltung, das Datum und die Uhrzeit, der Ort, die Anwesenden, das Thema sowie der Name des Protokollanten aufgeführt sind.	☐	☐
b) Protokolle werden, wie andere Dokumente (z. B. Lebenslauf, Zeugnisse, Urkunden usw.), am Ende vom Protokollanten unter Angabe des Datums unterschrieben.	☐	☐
c) Da sich Protokolle auf ein vergangenes Geschehen beziehen, das einen Bezug zur Gegenwart aufweist, werden sie normalerweise im Perfekt (gelegentlich auch im Präteritum) verfasst.	☐	☐

	richtig	falsch
d) Die Wiedergabe von Äußerungen anderer im Protokoll erfolgt stets wörtlich, also in Form der direkten Rede.	☐	☐
e) Die Sprache in Protokollen ist sachlich und klar. Sie enthält keine persönlichen Wertungen.	☐	☐

Kann ich Unterschiede zwischen einem Ergebnis- und Verlaufsprotokoll nennen?

4 Was unterscheidet das Ergebnis- und das Verlaufsprotokoll? Benenne die Unterschiede.

Verlaufsprotokoll: ______________________________

____

____

Ergebnisprotokoll: ______________________________

____

____

Kontrolle und Einschätzung ➜ Tipps zur Weiterarbeit

Lösungsheft Seite 5

Aufgabe	bearbeitet am:	wiederholt am:	Konnte ich gut. ☺	Das war mittel. 😐	Muss ich üben. ☹	Wenn du 😐 oder ☹ angekreuzt hast, dann bearbeite folgende Aufgaben im Teil Lernen und Üben:
1						Seite 123 / Abschnitt 10.1
2						Seite 123 / Abschnitt 10.1
3						Seite 124 / Abschnitt 10.2
4						Seite 124 / Abschnitt 10.2

Einschätzung der Lehrerin oder des Lehrers:

____

____

____

Lernen und Üben

1 Lesestrategien, Lesetechniken

1.1 Leseaufträge verstehen und mit Lesestrategien verknüpfen

Leseaufträge geben dir oft nicht nur wichtige Hinweise auf den Inhalt und den Aufbau eines Textes, sie enthalten auch so genannte **Operatoren** (vom lat. *operatio* „Arbeit, Wirken"), die dir sagen, was du tun sollst, z. B. *Beschreibe, wie …; Fasse zusammen, was …*.
In einem Leseauftrag ist das Prädikat im Imperativ immer Teil des Operators, der aber auch um zusätzliche Angaben erweitert sein kann, z. B. *Fasse kurz zusammen, was …; Nenne ein Beispiel …*
Vor der Bearbeitung eines Leseauftrags solltest du diesen deshalb sehr gründlich lesen und dir klarmachen, was genau von dir verlangt wird.

(1) Ordne den Fragen (zum Text auf Seite 42) die passenden Leseaufträge zu. Schreibe dazu die Nummer des Auftrags hinter die Frage.

(1) Erläutere die Bezeichnung aus dem Text heraus.

(2) Nenne den im Text angeführten Grund.

(3) Verschaffe dir einen Überblick über den Textinhalt und beantworte die Frage.

Frage	Nr.
a) Warum sind die Gehirne von Kindern durch ungünstige Einflüsse leichter verformbar?	
b) Wie bewertet der Hirnforscher Manfred Spitzer Computerspiele im Vergleich zum Fernsehen?	
c) Der Hirnforscher Manfred Spitzer bezeichnet Sendungen für Vorschulkinder als „Einstiegsdroge". – Warum?	

→ Lösungsheft Seite 5

(2) Schreibe die Leseaufträge aus Aufgabe (1) an die richtige Stelle in der Übersicht.

Lesesituation	Ohne dich um die Einzelheiten zu kümmern, möchtest du dir einen Überblick über den Inhalt eines Textes verschaffen.	Ohne dich um die Gesamtaussage des Textes zu kümmern, möchtest du bestimmte Einzelinformationen auffinden.	Um bestimmte Einzelinformationen im Gesamtzusammenhang des Textes zu erfassen, möchtest du den ganzen Text lesen und verstehen.
Lesestrategie	**überfliegendes Lesen**	**suchendes Lesen**	**genaues Lesen**
Leseauftrag			
weitere Operatoren	*Fasse kurz zusammen …*	*Ordne … zu* *Benenne …* *Finde …*	*Beschreibe …* *Erkläre …* *Stelle dar …*

→ Lösungsheft Seite 5

Umgang mit Texten / Medien

1.2 Genaues Lesen

Beim **genauen Lesen** kommt es darauf an, einen **Text mit allen seinen Einzelinformationen** zu **verstehen**. Dazu musst du dich gründlich mit ihm auseinandersetzen, z. B. indem du

- wichtige Informationen oder Begriffe markierst
- den Text in Form von Randnotizen oder Absatzüberschriften zusammenfasst
- wichtige Textinhalte visualisierst (z. B. als Mindmap, Zeitstrahl, Flussdiagramm usw.).

(1) **Übung**: Lies dir den Text genau durch. Bearbeite ihn dann, indem du wichtige Stellen markierst und/oder Randnotizen anfertigst. Du solltest anschließend in der Lage sein, Fragen zum Text zu beantworten.

Vorsicht am Bildschirm

Hirnforscher meldet Sinnes-Verarmung

Von Maria Wetzel

Ulm. Fernsehen ist nach Ansicht des Ulmer Hirnforschers Manfred Spitzer gefährlich, vor allem für Kinder. Es mache dumm und krank, warnt er in seinem soeben erschienen Buch „Vorsicht Bildschirm".

Was in den Köpfen von Menschen vorgeht, weiß Spitzer relativ genau. Der Leiter des Ulmer Transferzentrums für Neurowissenschaft und Lernen sowie andere Wissenschaftler haben in den vergangenen Jahren untersucht, wie das Gehirn in unterschiedlichen Situationen reagiert. Sie haben auch beobachtet, dass beim Fernsehen bestimmte Hirnareale sehr aktiv sind.

Weil Gehirne von Kindern viel leichter formbar sind, seien sie durch ungünstige Einflüsse auch leichter verformbar, sagt Spitzer. Dazu zählt er auch das Fernsehen. Denn: „Wer vor dem Bildschirm sitzt, gerät aus der Form. Bei Kindern ist das Sitzen vor dem Bildschirm mittlerweile die wichtigste Ursache für Übergewicht."

Auswirkungen hat das Fernsehen aber nicht nur auf den Körper, sondern auch auf das Gehirn selbst. Kinder, die von klein auf viel fernsehen, entwickeln sich anders als Mädchen und Jungen, die selten vor der Flimmerkiste hocken. Statt ihre Umgebung zu ertasten, zu schmecken und zu riechen, nehmen sie die Welt vor allem durch Augen und Ohren wahr – damit bleiben die anderen Sinne unterentwickelt, was sich ungünstig auf die Hirnentwicklung auswirkt.

Für Spitzer sind Sendungen für Vorschulkinder, etwa die „Teletubbies", eine Einstiegsdroge. „Schon die Kleinsten werden an das Fernsehen herangeführt und daran gewöhnt", sagt der Hirnforscher. Bei regelmäßigem Fernsehen entsteht eine körperliche Abhängigkeit von Hormonen, die durch Filme und Computerspiele ausgeschüttet werden. Die Überflutung des Gehirns erschwert Kindern auch die Konzentration und damit das Lernen.

Anhand von Studien belegt Spitzer, dass Fernsehkinder schlechter lesen lernen, weniger kreativ sind, Dinge eher oberflächlich aufnehmen und weniger kritisch nachdenken. „Es ist nicht die eine oder

Randnotizen

andere Sendung, die sich negativ auswirkt, sondern die Gesamtdosis des Fernsehens über Jahre hinweg", sagt Spitzer.

Und die ist beachtlich – schon Dreijährige sitzen häufig weit länger als eine Stunde täglich vor der Mattscheibe. Der Fernsehkonsum wirkt sich auch auf die Beziehungen zu anderen Menschen aus. Vielseher führen weniger Gespräche, sind öfter allein, verbringen weniger Zeit mit Freunden und spielen seltener ein Musikinstrument. Spitzer sieht darin auch eine Ursache für die zunehmende Gewaltbereitschaft.

Auch dem Computer steht der Hirnforscher skeptisch gegenüber. Weit mehr als zum Lernen werde er für Computerspiele genutzt. Wie verlockend der Fernseher ist, weiß der Vater von fünf Kindern übrigens bestens aus eigener Erfahrung. Weil er und seine Frau die täglichen Auseinandersetzungen leid waren, schafften sie ihn ab.

Randnotizen

Umgang mit Texten / Medien

→ Lösungsheft Seite 5

② **Übung**: Wenn du den Text gründlich genug bearbeitest hast, solltest du jetzt in der Lage sein, die Frage des aufgeführten Leseauftrags zu beantworten, ohne den Text noch einmal vollständig lesen zu müssen. Probiere das aus und erläutere, weshalb Manfred Spitzner den Begriff „Einstiegsdroge" verwendet. Arbeite im Heft.

> Der Hirnforscher Manfred Spitzer bezeichnet Sendungen für Vorschulkinder als „Einstiegsdroge". – Warum? Erläutere die Bezeichnung aus dem Text heraus.

→ Lösungsheft Seite 5

1.3 Suchendes Lesen

Beim **suchenden Lesen** kommt es darauf an, in einem Text eine **Einzelinformation** zu **finden**, z. B. wenn du im Fahrplan das Gleis suchst, auf dem dein Zug abfährt, oder, wenn du auf dem Beipackzettel noch einmal nachliest, wann eine Medizin einzunehmen ist.
In der Schule brauchst du diese Strategie meist nur auf Texte anzuwenden, die du entweder schon genau gelesen hast oder noch lesen möchtest. Dabei ist das suchende Lesen normalerweise an zwei spezielle Aufgabentypen des Anforderungsbereichs I (= Wiedergabe von Textinhalten) gebunden: an **geschlossene** (Multiple-Choice-Aufgaben) und **halboffene Fragen** (Ergänzungsaufgaben).

① **Übung**: Lies dir den Text „Vorsicht am Bildschirm" noch einmal genau durch und kreuze die richtige Aussage an. **Achtung:** Jeweils nur eine Antwort ist richtig!

1. Der Hirnforscher Manfred Spitzer und andere Wissenschaftler haben untersucht,
   - a) was sich Kinder am liebsten im Fernsehen anschauen. ☐
   - b) wie das Gehirn in unterschiedlichen Situationen reagiert. ☐
   - c) wie sich Fernsehen auf das Körpergewicht von Kindern auswirkt. ☐
   - d) wodurch sich Computerspiele vom Fernsehen unterscheiden. ☐

→ Lösungsheft Seite 5

Umgang mit Texten / Medien

2. Das Gehirn von Kindern, die viel fernsehen, entwickelt sich anders,

a) weil sie die Welt vor allem durch Augen und Ohren wahrnehmen. ☐

b) weil sie in körperliche Abhängigkeit geraten. ☐

c) weil die Fernsehsendungen meist wenig intelligent sind. ☐

d) weil sie in der Regel dicker sind als andere Kinder. ☐

(2) **Übung**: Lies dir den Text „Vorsicht am Bildschirm" noch einmal genau durch und kreuze die richtigen Aussagen an. **Achtung**: Es können zwei oder mehr Antworten richtig sein!

Anhand von Studien kann der Hirnforscher Manfred Spitzer belegen, dass

a) Fernsehkinder mehr Zeit mit Freunden verbringen. ☐

b) Fernsehkinder schlechter lesen lernen. ☐

c) Fernsehkinder weniger kreativ sind. ☐

d) Fernsehkinder häufiger Selbstgespräche führen. ☐

→ Lösungsheft Seite 5

(3) **Übung**: Vervollständige die Sätze sinngemäß mithilfe des Textes „Vorsicht am Bildschirm". **Achtung**: Deine Ergänzung kann, muss aber nicht wörtlich aus dem Text übernommen sein!

a) Bei Kindern ______________________ mittlerweile die wichtigste Ursache von Übergewicht.

b) ______________________ entwickeln sich anders als Mädchen und Jungen, die selten vor der Flimmerkiste hocken.

→ Lösungsheft Seite 5

Geschlossene bzw. halboffene Fragen können dir beim suchenden Lesen auch im Zusammenhang mit diskontinuierlichen Texten (also Tabellen, Diagrammen usw.) begegnen.

(4) **Übung**: Welche Aussagen über die Inhalte der aufgeführten Diagramme sind richtig, welche falsch? Kreuze an.

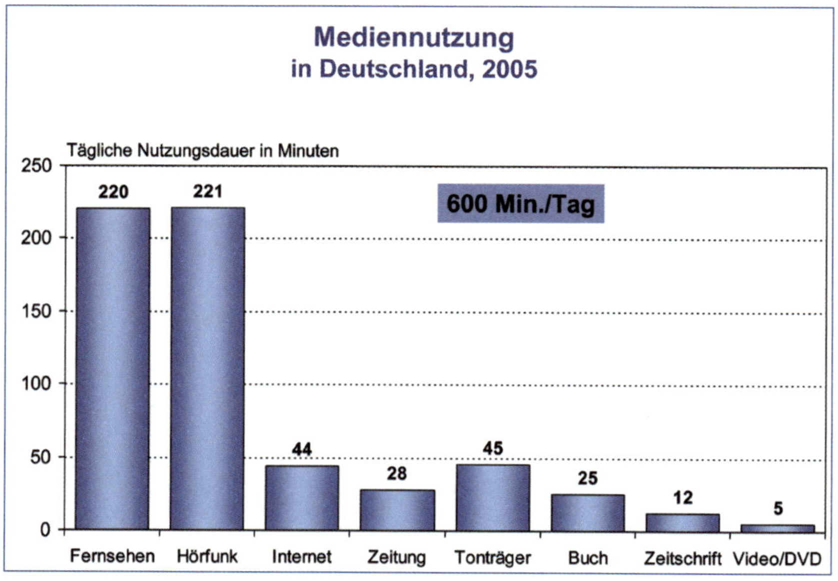

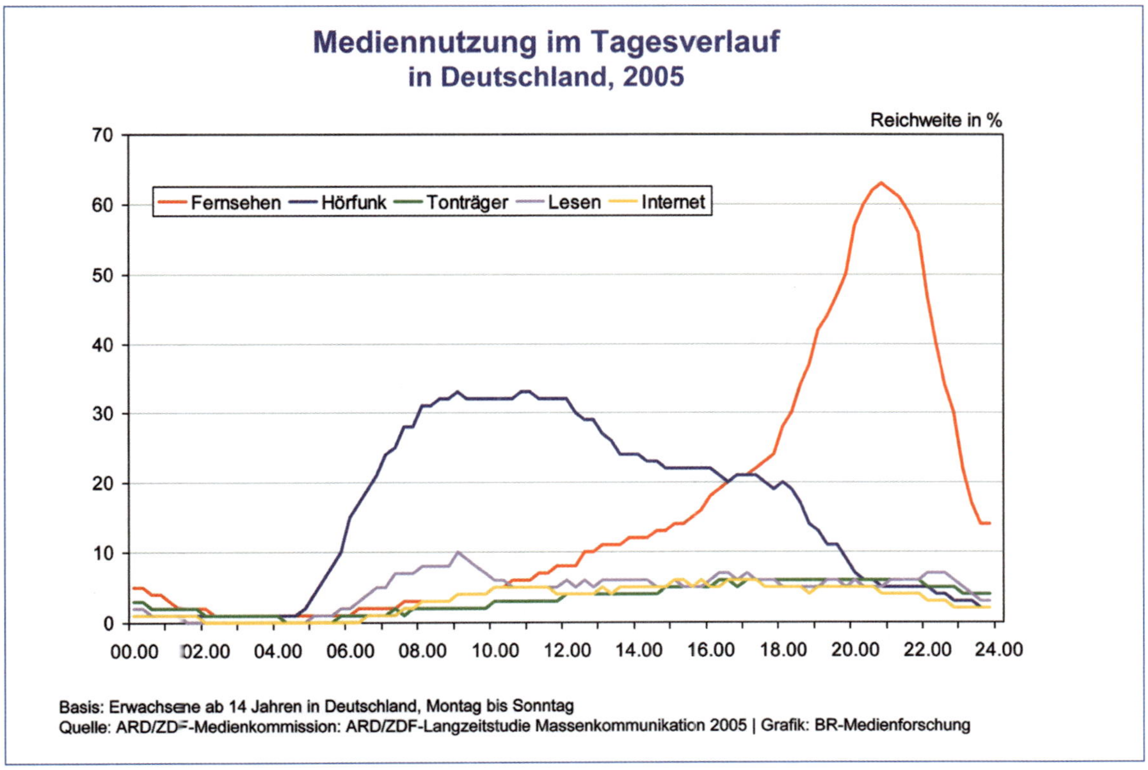

	richtig	falsch
a) Fernsehen ist das mit Abstand am meisten genutzte Medium.	☐	☐
b) In der Zeit zwischen etwa 20.00 und 22.00 Uhr wird am meisten ferngesehen.	☐	☐
c) Zeitungen und Zeitschriften werden insgesamt häufiger gelesen als Bücher.	☐	☐
d) Die Medien Fernsehen und Hörfunk werden ungefähr zu denselben Tageszeiten am häufigsten genutzt.	☐	☐
e) Das Internet ist nach dem Fernsehen bereits das am zweithäufigsten genutzte Medium.	☐	☐

→ Lösungsheft Seite 5

⑤ **Übung**: Vervollständige die Sätze sinngemäß nach den Angaben der beiden Diagramme.

a) Internet, Hörfunk und Tonträger werden zwischen 12.00 und 22.00 Uhr ______________________ ______________________.

b) ______________________ werden mit rund 220 Minuten täglich ungefähr gleich häufig genutzt.

c) ______________________ beträgt rund 600 Minuten pro Tag.

d) Bücher werden etwa ______________________ so lange gelesen wie andere Presseerzeugnisse.

→ Lösungsheft Seite 5

Umgang mit Texten / Medien

1.4 Kritisches Lesen

Auch beim **kritischen Lesen** musst du den Gesamtzusammenhang des Textes kennen und alle Aussagen verstanden haben. Darüber hinaus ist es wichtig, dass du zusätzlich die **Intention** (Absicht, Ziel) herausfindest, mit der ein Text verfasst wurde (z. B. unterhalten, informieren, überreden).

(1) Der Textauszug ist auf der Internetseite *www.mobileup.de/handy-tarife/t-mobile-online-sparvorteil.html* erschienen. An welchen Formulierungen kannst du erkennen, dass der Text nicht nur informieren, sondern auch werben will? Markiere diese Wörter und Wendungen.

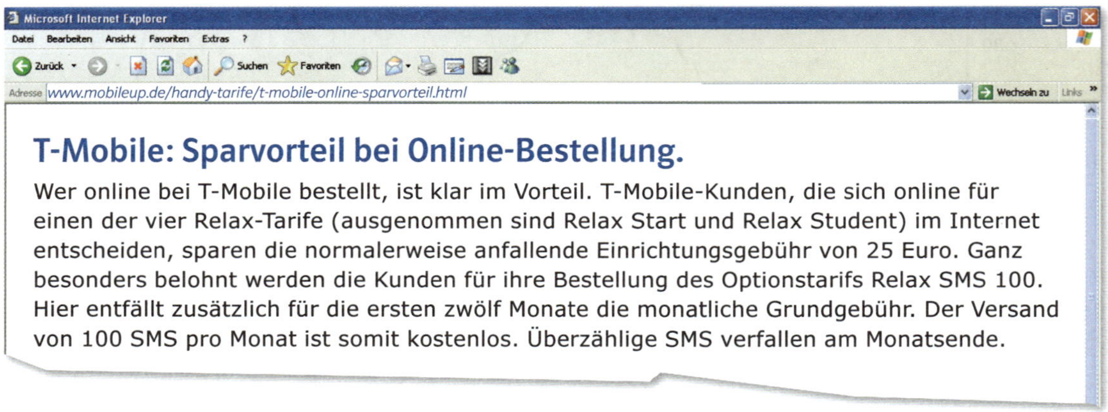

T-Mobile: Sparvorteil bei Online-Bestellung.

Wer online bei T-Mobile bestellt, ist klar im Vorteil. T-Mobile-Kunden, die sich online für einen der vier Relax-Tarife (ausgenommen sind Relax Start und Relax Student) im Internet entscheiden, sparen die normalerweise anfallende Einrichtungsgebühr von 25 Euro. Ganz besonders belohnt werden die Kunden für ihre Bestellung des Optionstarifs Relax SMS 100. Hier entfällt zusätzlich für die ersten zwölf Monate die monatliche Grundgebühr. Der Versand von 100 SMS pro Monat ist somit kostenlos. Überzählige SMS verfallen am Monatsende.

→ Lösungsheft Seite 5

Vor allem bei Texten mit informierender und/oder werbender Intention kannst du folgende **Fragen an die Texte** richten:

- Enthält der Text alle Informationen, die für mich wichtig sind? Warum werden bestimmte Angaben gemacht bzw. nicht gemacht?
- Gibt es im Text Aussagen oder Angaben, die sich widersprechen oder unklar sind? Worum geht es dabei?
- Werden wertende Wörter und Wendungen gebraucht? Warum? Kann man aus dem Text heraus feststellen, ob die Wertungen zutreffen?
- Was kann man zwischen den Zeilen herauslesen bzw. aus dem Text ableiten?

(2) Was kannst du aus dem Satz „Hier entfällt zusätzlich für die ersten zwölf Monate die monatliche Grundgebühr." für die gesamte Vertragslauflaufzeit schließen? Beantworte die Frage.

____

____

____

→ Lösungsheft Seite 5

(3) Enthält der Text alle Informationen, die für dich wichtig sind, wenn du einen Handy-Vertrag abschließen möchtest? Lies den Text noch einmal gründlich und sammle Fragen, die du gern noch beantwortet haben würdest.

____

____

____

____

____

→ Lösungsheft Seite 5

(4) **Übung**: Ermittle die Intention des aufgeführten Textes aus dem Internet (http://www.inside-handy.de/news/6338.html). Begründe kurz deine Einschätzung.

Microsoft Internet Explorer

Datei Bearbeiten Ansicht Favoriten Extras ?

Zurück Suchen Favoriten

Adresse www.inside-handy.de/news/6338.html. Wechseln zu Links

Mobiles Telefonieren mit Kids & Teens

Mobiles Telefonieren mit Kids & Teens von E-Plus soll für Kinder jetzt noch einfacher und attraktiver werden. Wie der Düsseldorfer Netzbetreiber mitteilte, telefonieren Nutzer des Prepaid-Angebotes ab sofort rund um die Uhr in alle Netze zu einem einheitlichen Preis. Pro Monat können sie zusätzlich bis zu 150 Bonusminuten für Gespräche zu anderen E-Plus Kunden nutzen. Kids & Teens bietet Preise von 29 Cent pro Gesprächsminute und 19 Cent pro SMS.

150 Bonusminuten beim Start inklusive

Kids & Teens kann kostenlos zum Prepaid Tarif Free & Easy hinzugebucht werden. Die ersten 150 Bonusminuten sind zum Start inklusive. Weitere Bonusminuten für kostenlose Gespräche mit Eltern und Freunden im E-Plus Netz können jugendliche Nutzer Monat für Monat hinzuverdienen: Bei einer Guthabenaufladung von 15 Euro werden 50 Minuten für Gespräche von E-Plus zu E-Plus gutgeschrieben. Neues Guthaben im Wert von 30 Euro bringt 150 Minuten für freie Gespräche zu anderen E-Plus-Teilnehmern ein.

Rückrufservice und Taschengeld-Funktion

Die Sperrung von Sonderrufnummern und SMS-Kurzwahlen schützt Kinder und Jugendliche vor ungeeigneten Inhalten und hilft außerdem, die Telefonkosten übersichtlich zu halten. Der Rückruf-Service sorgt zusätzlich für Sicherheit: Kinder mit Kids & Teens-Karte können ihre Eltern auch ohne Guthaben um einen Anruf bitten. Bei der Registrierung werden hierfür im Vorfeld bis zu drei Rufnummern festgelegt. Ein weiteres Feature ermöglicht Kindern und Eltern volle Kostenkontrolle: Mit Free & Easy-Taschengeld wird jeden Monat ein vorher festgelegter Betrag auf das Free & Easy-Konto überwiesen. So sollen Kinder nach Vorstellung des Anbieters lernen, selbstverantwortlich mit Mobilfunkkosten umzugehen. Eventuelle Restguthaben werden automatisch in den nächsten Monat übertragen.

Quelle: e-plus / Autor: Jan Freynick

Intention: ______________________________

Meine Begründung: ______________________________

____

____

____

____

____

____

____

____

____

→ Lösungsheft Seite 6

Sprechen und Zuhören

(5) Lies den Text kritisch. Stelle die im Merkekasten auf Seite 46 genannten Fragen an den Text und beantworte sie. Fasse kurz zusammen, was dir aufgefallen ist.

____

____

____

____

____

____

____

→ Lösungsheft Seite 6

1.5 Wertendes Lesen

Beim **wertenden Lesen** musst du den Gesamtzusammenhang des Textes kennen, alle Textaussagen verstanden und seine Intention erkannt haben. Zum Text selbst (seiner Gliederung, Argumentation und Sprache) und zu seinem Inhalt solltest du dir außerdem eine Meinung bilden. Es geht darum, dass du einen **Text** für deine **eigenen Überlegungen** und dein **eigenes Handeln nutzt.** In entsprechenden **Leseaufträgen** wird in der Regel verlangt, deine Meinung in einer **Stellungnahme** zum Text zu **formulieren** oder den **Text** bzw. eine Textstelle zu **beurteilen.**

(1) Lies dir noch einmal den Text „Vorsicht am Bildschirm" auf Seite 42 durch und anschließend die Stellungnahme von Naomi. Welche Fehler macht sie? Nenne die Fehler. Arbeite im Heft.

Naomi

Ich fand den Artikel von Maria Wetzel irgendwie nicht so gut, weil ich viel fernsehe und überhaupt nicht dick oder blöd bin. Was dieser Hirnforscher da sagt, stimmt vielleicht manchmal, aber eben nicht immer. Und dann kann man kein Buch schreiben und sagen: „Fernsehen macht dumm und dick!" Interessant ist ja auch, dass Herr Spitzer den eigenen Fernseher nicht aus Angst abgeschafft hat, dass seine Kinder dumm werden würden, sondern weil er und seine Frau keinen Streit mehr wegen des Fernsehprogramms haben wollten Das beweist doch, dass Herr Spitzer selbst nicht richtig glaubt, was er da in seinem Buch schreibt.

→ Lösungsheft Seite 6

Wenn du eine **Stellungnahme** zu einem Text verfasst, musst du folgende Punkte beachten:
- den Titel, den Autor, das Thema und die Textsorte benennen (TATT-Formel)
- die Hauptaussage nennen und bewerten (mit einer nachvollziehbaren Begründung)
- deine Meinung klar formulieren und nachvollziehbar begründen
- formulieren, ob und wie der Text dein Handeln beeinflusst
- in einem sachlichen Stil schreiben
- ggf. aus dem Text zitieren
- ggf. auf den Text selbst (Gliederung, Argumentation, Sprache) eingehen.

(2) **Übung**: Formuliere selbst eine Stellungnahme zum Text „Vorsicht am Bildschirm". Beachte dabei die Hinweise im Merkekasten. Arbeite im Heft.

2 Sich und andere informieren

Sprechen und Zuhören

2.1 Internetsuchstrategien anwenden

(1) Schreibe die aufgeführten Erklärungen für die entsprechende Suchstrategie an die richtige Stelle in der Tabelle.

- der Begriff mindestens einmal erscheint, nicht aber der hinter dem Minuszeichen stehende Begriff
- die Begriffe genau in dieser Reihenfolge nacheinander erscheinen
- die verknüpften Begriffe in beliebiger Reihenfolge mindestens einmal erscheinen
- mindestens ein Begriff mit dem angegebenen Wortstamm erscheint (Mechatronik, Mechatronikerin usw.)
- einer der Begriffe oder beide Begriffe in beliebiger Reihenfolge mindestens einmal erscheinen

Operator	Suchfunktion	Erklärung – angezeigt werden alle Seiten, auf denen	Beispiel
+	UND-Suche		*Mechatroniker +Ausbildung*
OR	ODER-Suche		*Mechatroniker OR Mechaniker*
„…“	Phrasensuche		*„Ausbildung zum Mechatroniker“*
–	NICHT-Suche		*Mechatroniker-Mechaniker*
*	Trunkierung		*Mechatronik**

→ Lösungsheft Seite 6

Sprechen und Zuhören

2.2 Stellenanzeigen auswerten

Stellenanzeigen enthalten – neben der grafisch deutlich hervorgehobenen angebotenen Stelle selbst – in der Regel:

- das Anforderungsprofil (was das Unternehmen vom künftigen Stelleninhaber erwartet)
- die Beschreibung des Angebots (was das Unternehmen bietet)
- eine (werbende) Kurzbeschreibung des Unternehmens („Wir sind …")
- die Kontaktadresse.

(1) Schreibe die verschiedenen Bestimmungen in die richtigen Hinweiskästen.

Kontaktadresse – Stellenangebot – Beschreibung des Angebots – Kurzbeschreibung des Unternehmens – Anforderungsprofil

Stallmann electronic AG

Die Stallmann electronic AG ist eine dynamisch wachsende Unternehmensgruppe, die zunehmend auch weltweit produziert. Für unsere Kunden in der Automobilindustrie entwickeln und produzieren wir hauptsächlich elektronische Steuerungssysteme. Unser Anspruch ist es, stets zu den Besten der Branche zu gehören. Dabei bauen wir auf engagierte und zukunftsorientierte Mitarbeiter. Wenn auch Sie sich in unserem Team engagieren möchten, dann bewerben Sie sich bis zum 30. März als:

Auszubildende:
Industriekaufmann/-frau
Mechatroniker/-in
Werkzeugmechaniker/-in

Wir bieten eine fundierte und professionelle Ausbildung. In unseren speziellen Lehrwerkstätten erhalten Sie außerdem eine gründliche theoretische und praktische Prüfungsvorbereitung.

Von den Bewerbern erwarten wir:

- einen guten Realschulabschluss
- die Fähigkeit zur Teamarbeit
- eine hohe Einsatzbereitschaft und
- die Bereitschaft, sich mit unserem Unternehmen zu identifizieren.

Interesse?

Dann freuen wir uns über Ihre Bewerbung (mit den üblichen Unterlagen).

Stallmann electronic AG • Königsallee 9–15 (Personalabteilung, Frau Dr. Ludmilla Daniel) • 44723 Bochum • 0234/4444-0

→ Lösungsheft Seite 6

Um zu erkennen, was ein Unternehmen oder eine Firma von einer Bewerberin/einem Bewerber genau erwartet, muss man die **Anzeige gründlich und kritisch lesen**, da sich häufig – auch über das eigentliche Anforderungsprofil hinaus – noch „versteckte" Hinweise auf die Anforderungen finden.

Sprechen und Zuhören

(2) Kommentiere die Aussagen aus der Anzeige der Firma Stallmann electronic AG, indem du stichwortartig formulierst, was sich daraus jeweils für konkrete Anforderungen für den Bewerber/die Bewerberin ableiten lassen.

a) Unternehmensgruppe, die zunehmend auch weltweit produziert: ____________________

____

b) Unser Anspruch ist es, stets zu den Besten der Branche zu gehören: ____________________

____

c) Dabei bauen wir auf zukunftsorientierte Mitarbeiter: ____________________

____

→ Lösungsheft Seite 6

(3) **Übung**: Eine Eigenschaft der Bewerber ist dem Unternehmen Stallmann electronic AG offenbar besonders wichtig, da sie mehrfach erwähnt wird. Welche ist es? Schreibe die Eigenschaft auf und gib die Stellen an, an denen sie genannt wird.

____

____

____

____

____

→ Lösungsheft Seite 6

(4) **Übung**: Stelle – mit Blick auf ein Bewerbungsanschreiben – alle Anforderungen, die die Stallmann electronic AG an ihre Bewerber hat, übersichtlich zusammen.

Anforderungen der Stallmann electronic AG

formale Voraussetzungen/Kenntnisse

-
-

Eigenschaften

-
-
-
-

→ Lösungsheft Seite 7

Sprechen und Zuhören

2.3 Eine Telefonanfrage planen und durchführen

Wenn in einer Stellenanzeige eine Telefonnummer angegeben ist, wird von dir erwartet, dass du dort anrufst, bevor du dein Bewerbungsanschreiben verfasst. Dieser Anruf ist aber keine bloße Formalität, sondern bietet beiden Seiten die Möglichkeit, vorher herauszufinden, ob man zueinander passt. Damit du bei einer solchen Telefonanfrage einen guten Eindruck hinterlässt, solltest du:

- dich **gründlich auf das Telefonat vorbereiten** und dir vorab Formulierungen für Fragen und Bemerkungen zurechtlegen
- beim Telefonat **alles vermeiden, was das Gespräch** in irgendeiner Weise **stören könnte** (z. B. laute Hintergrundgeräusche, schlechte Verbindung über ein Handy).

(1) Ordne die Formulierungen der richtigen Rubrik zu, indem du in der rechten Spalte die entsprechende Zahl in den Kreis schreibst.

❶ den zuständigen Gesprächspartner erfragen **❷ sein Anliegen vortragen**
❸ die eigene Motivation erklären **❹ Chancen und Bedingungen erkunden**
❺ das weitere Vorgehen vereinbaren **❻ einen positiven Abschluss finden**

- Guten Tag, Frau Dr. Daniel! Mein Name ist … Ich habe Ihre Stellenanzeige gelesen und interessiere mich für die Ausbildung zum … ◯
- Durch mein Praktikum bei der Firma … bin ich auf den Beruf des … aufmerksam geworden. ◯
- Darf ich Ihnen meine Bewerbungsunterlagen zusenden? ◯
- Guten Tag, mein Name ist …. Könnten Sie mich bitte mit Frau Dr. Daniel verbinden? ◯
- Herzlichen Dank für das Gespräch. Auf Wiederhören! ◯
- Mit welchen Aufgaben wird eine Auszubildende in Ihrer Firma betraut? ◯

→ Lösungsheft Seite 7

(2) **Übung:** Finde zu allen Punkten eine weitere Formulierung bzw. Frage.

a) den zuständigen Gesprächspartner erfragen: ______________________

____

b) sein Anliegen vortragen: ______________________

____

c) die eigene Motivation erklären: ______________________

____

d) Chancen und Bedingungen erkunden: ______________________

____

e) das weitere Vorgehen vereinbaren: ______________________

____

f) einen positiven Abschluss finden: ______________________

____

→ Lösungsheft Seite 7

Sprechen und Zuhören

(3) Überlege dir, wie du reagieren könntest, wenn die zuständige Person gerade nicht zu sprechen ist. Schreibe eine passende Anschlussfrage für diesen Fall auf. Arbeite im Heft.

2.4 Sich in einer Bewerbung präsentieren

2.4.1 Ein Bewerbungsanschreiben verfassen

(1) Schreibe die Bestimmungen in die richtigen Hinweiskästen.

Grußformel – Ort und Datum – Betreffzeile mit Hinweis auf den Beruf – Anredeformel – Absender – Anschrift – Anlagenverzeichnis – Bezugzeile mit Hinweis auf die Stellenanzeige – handschriftliche Unterschrift – Bitte um Einladung

Martin Schmitt
Wasserstraße 9
46175 Bochum
m.schmitt@hotmail.de
Tel.: 0234/734556554

Bochum, den 24. März 2008

Stallmann electronic AG
Frau Dr. Ludmilla Daniel
Personalabteilung
Königsallee 9–15
44723 Bochum

Bewerbung um einen Ausbildungsplatz als Mechatroniker
Ihre Anzeige in der Westdeutschen Allgemeinen Zeitung vom 21. März 2008

Sehr geehrte Frau Dr. Daniel,

Ihre Anzeige in der Westdeutschen Allgemeinen Zeitung hat mich sehr angesprochen, weshalb ich mich mit dieser Bewerbung als Auszubildender zum Mechatroniker gern bei Ihnen vorstellen möchte.

…//…

Über eine Einladung zu einem persönlichen Vorstellungsgespräch würde ich mich sehr freuen.

Mit freundlichen Grüßen

Martin Schmitt

Anlagen:
Tabellarischer Lebenslauf mit Lichtbild
Kopie des letzten Zeugnisses
Praktikumsbescheinigung

→ Lösungsheft Seite 7

Sprechen und Zuhören

Ein **Bewerbungsanschreiben** ist die **Visitenkarte deiner Persönlichkeit**. Auf die Gestaltung des Bewerbungsanschreibens solltest du daher viel Zeit verwenden.
Formal muss dein Schreiben dem aufgeführten Beispiel von Seite 53 entsprechen. Achte außerdem darauf, dass du nur sauberes, unzerknittertes weißes Papier verwendest. Selbstverständlich darf das Schreiben **keine Rechtschreibfehler** enthalten.
Inhaltlich gehst du in deinem Anschreiben am besten auf folgende Punkte ein:

- **persönliches Interesse am Ausbildungsberuf** bzw. der Tätigkeit und an der Firma/der Ausbildungsstätte (Hier kannst du schreiben, wie du auf den Beruf gekommen bist, was dich daran interessiert und welche Erfahrungen du eventuell bereits gesammelt hast.)
- **Stärken und Fähigkeiten** (Du stellst dar, weshalb du glaubst, dich für diesen Beruf bzw. eine bestimmte Tätigkeit gut zu eignen. Du kannst dabei auf deine schulischen Leistungen eingehen oder auch über ehrenamtliche Tätigkeiten bzw. deine Hobbys schreiben. Ein Bezug zu diesem Beruf muss aber gegeben sein.)
- **geplanter Schulabschluss** (Du schreibst, wenn du dich für eine Ausbildung bewirbst, wann du die Schule voraussichtlich mit welchem Abschluss verlässt.).

Vor allem große (Ausbildungs-)Betriebe geben manchmal genau vor, wie du dich für etwas (Ausbildung, Praktikum, Ferienjob) zu bewerben hast. Informiere dich darüber auf der Homepage der Firma.

(2) **Übung**: Schreibe für Martin den Text für ein Bewerbungsanschreiben. Berücksichtige dabei die aufgeführten Vorgaben.

zweiwöchiges Praktikum als Mechaniker im Autohaus Ruhr-Car

spielt Fußball in der Jugendmannschaft bei Westfalia Herne

hat gute Mathematik- und Physiknoten

war Klassensprecher

will die Schule nach der 10. Klasse mit der Mittleren Reife verlassen

mit dem Physiklehrer während einer Projektwoche ein Radio gebaut

→ Lösungsheft Seite 7

2.4.2 Einen Lebenslauf verfassen

Sprechen und Zuhören

Dein **Lebenslauf** sollte formal dem aufgeführten Beispiel entsprechen. Es ist wieder wichtig, dass du sauberes weißes Papier verwendest und der Text keine Rechtschreibfehler enthält.
Die **Angaben zu deiner Person** und **zur Schulausbildung** sowie den Praktika (Jobs) müssen vollständig sein, du darfst also nichts weglassen.
Bei den übrigen Angaben hast du etwas mehr Gestaltungsfreiheit. Du solltest zwar nicht lügen (also zum Beispiel behaupten, du sprichst fließend Englisch, wenn du eine Fünf hast), kannst aber für dich ungünstige Sachverhalte übergehen (z. B. bei den Hobbys nicht angeben, dass du am liebsten faulenzt).

(1) Erstelle mithilfe eines PCs deinen eigenen Lebenslauf entsprechend der Vorlage. Orientiere dich bei den Angaben an einem Beruf, der dich interessiert.

Martin Schmitt
Wasserstraße 9
46175 Bochum
m.schmitt@hotmail.de
Tel.: 0234/734556554

Lebenslauf

Persönliche Daten:	
Geboren am:	9. September 1992 in Bochum
Mutter:	Christine Schmitt, geborene Kowatsch, Krankenschwester
Vater:	Hans Schmitt, Tischlermeister
Schulbildung:	
August 1993 – Juli 2002	Heinrich-Heine-Grundschule, Düsseldorf
Seit 2002	Erich-Kästner-Gesamtschule, Bochum
Schulabschluss:	voraussichtlich Mittlere Reife
Lieblingsfächer:	Mathematik (gut), Physik (sehr gut), Sport (sehr gut)
Praktika und Jobs:	
August 2005	dreiwöchiger Ferienjob in der Tischlerei Schneider GmbH
Juli 2007	zweiwöchiges Praktikum im Autohaus Ruhr-Car
Zusatzkenntnisse:	sicherer Umgang mit MS-Office
Hobbys:	Fußball spielen (seit acht Jahren, zurzeit bei Westfalia Herne)

Bochum, den 24. März 2008

Martin Schmitt

→ Lösungsheft Seite 7

Sprechen und Zuhören

(2) **Übung**: Was würde ein Personalchef von einem Bewerber denken, der als Hobby „Computerspielen und Fernsehen" angibt? Schreibe stichwortartig auf, was sich daraus schließen lässt.

____

____

____

____

____

____

→ Lösungsheft Seite 8

2.5 Fragetechniken unterscheiden und einsetzen

(1) Schreibe die aufgeführten Beispiele bzw. Erläuterungen zu den verschiedenen Fragetechniken an die richtige Stelle in die nicht ausgefüllten Felder der Übersicht.

• schickt eine Erklärung voraus, um den Themenbereich einzugrenzen • lässt Raum für eine ausführliche Antwort • man wünscht eine Entscheidung • Der Bundesarbeitsminister kritisierte kürzlich die Qualität der betrieblichen Ausbildung. Teilen Sie diese Einschätzung? • Wenn ich Sie richtig verstanden habe, teilen Sie diese Einschätzung also nicht? • Ist handwerkliches Geschick oder technisches Verständnis wichtig für diesen Beruf?

Frageart	Wirkung/Ziel	Beispiel
offene Frage		Welche Ausbildungsschwerpunkte gibt es bei diesem Beruf?
Alternativfrage (= geschlossene Frage)	• zielt auf bestimmte Einzelinformationen	
Entscheidungsfrage (= geschlossene Frage)		Würden Sie mir zu dieser Ausbildung raten?
Autoritätsfrage	• greift umstrittene Aussagen bekannter Personen auf	
Balkonfrage		Mädchen in technischen Berufen sind immer noch relativ selten. Tut sich da eine junge Frau als Mechatronikerin in einer großen Firma nicht schwer?
Spiegelungsfrage	• verhindert Missverständnisse	

→ Lösungsheft Seite 8

3 Schreiben

3.1 Textsorten nach ihrer Funktion unterscheiden

Texte lassen sich nicht nur nach ihrer Form, sondern auch nach ihrer (wichtigsten) **Funktion** unterscheiden und einordnen. Dies gilt natürlich auch für das Schreiben dieser Texte.
Nach dem Hauptziel, das man mit dem Schreiben eines Textes verfolgt, lassen sich drei große Gruppen unterscheiden:

- **kommunikatives Schreiben**: Hier steht der Mitteilungsaspekt im Vordergrund. Man wendet sich an andere und möchte mit den Texten im weitesten Sinne auf sie einwirken (z. B. Werbetexte, Briefe, Kommentare …).
- **kreatives Schreiben**: Hier steht das Schreiben selbst, durch das man eigene Gedanken und Gefühle ausdrückt, im Mittelpunkt. Andere können diese Texte zwar auch lesen, der Sinn dieser Texte ist aber in der Regel eine Frage der Interpretation (z. B. Gedichte, Aphorismen, Dramen …).
- **verstehendes Schreiben**: Hier geht es darum, dass man sich schreibend mit anderen Texten auseinandersetzt. Beim **produktiv-interpretierenden Schreiben** versucht man, sich durch das eigene Schreiben einen Text zu erschließen (z. B. indem man eine Geschichte weiter schreibt oder aus einer anderen Perspektive erzählt), beim **analytisch-argumentierenden Schreiben** schildert man das Ergebnis seiner Textuntersuchung (z. B. in einer Analyse oder einer Interpretation).

Achtung: Texte haben oft mehrere Funktionen, weshalb die eindeutige Zuordnung zu den drei Gruppen manchmal nicht möglich ist.

Hörspiele | **Märchen** | **Vorgangsbeschreibungen** | **Kurzgeschichten**

Rezensionen | **Leserbriefe** | **Lieder** | **Zeitungsberichte** | **Tagebücher**

Reportagen | **Glossen** | **Aufrufe** | **Essays** | **Fabeln**

(1) Schreibe die Textsorten in die richtige Spalte der Tabelle.

kommunikatives Schreiben	kreatives Schreiben

→ Lösungsheft Seite 8

Schreiben

3.2 Eine Praktikumsmappe erstellen

In einer Praktikumsmappe solltest du folgende Punkte in der angegebenen Reihenfolge berücksichtigen:

- **Vorbereitung auf das Praktikum**: Weshalb habe ich mich für diesen Praktikumsplatz entschieden? Wie habe ich meinen Praktikumsplatz gesucht und gefunden?
- **Beschreibung des Praktikumsbetriebs**: Geschichte des Betriebs, aktuelle Angaben: Tätigkeitsfelder, Anzahl der Mitarbeiter …
- **Beschreibung des Praktikumberufs**: Ausbildung, Tätigkeit, mögliche Arbeitsfelder, Weiterbildungsmöglichkeiten, Verdienst …
- **Beschreibung deines Arbeitsplatzes**: Angaben über die Räumlichkeiten, in denen du tätig bist (eventuell mit Skizze); dazu kann auch die Beschreibung von Maschinen bzw. speziellen Arbeitsvorrichtungen gehören …
- **Tagesbericht**: Darstellung deines ersten Arbeitstages und wie ein Tag im Praktikumsbetrieb normalerweise verläuft; ggf. kannst du auch einen außergewöhnlichen Arbeitstag schildern oder deinen Arbeitsalltag kurz darstellen bzw. in einem Wochenbericht zusammenfassen
- **Beschreibung einer typischen Tätigkeit**: Darstellung einer Tätigkeit, die du oft ausführen musstest (in der Regel in Form einer Vorgangsbeschreibung)
- **Reflexion des Praktikums**: Welche Erwartungen hatte ich vor dem Praktikum? Welche davon haben sich bestätigt, welche nicht? Welche Erfahrungen habe ich gemacht, was habe ich gelernt? Kommt der Praktikumsberuf für mich immer noch infrage?

Deine Praktikumsmappe kann außerdem einen **Anhang** enthalten. Dort solltest du ein Verzeichnis wichtiger Fachwörter anlegen. Darüber hinaus kannst du Materialien, die du über den Praktikumsbetrieb oder -beruf gefunden hast, wiedergeben bzw. beilegen.

(1) Zu welchen Teilen der Praktikumsmappe gehören die aufgeführten Textauszüge? Schreibe die Teile als Überschrift über den jeweiligen Text (z. B. „Tagesbericht" oder „Beschreibung des Praktikumsberufs").

a) ____________________

Zum Beruf des Fotografen/der Fotografin gibt es keinen einheitlichen Ausbildungsweg. Fotografie kann man auch an einer Kunstuniversität oder einer Fachhochschule studieren. Die meisten Fotografen haben aber eine Ausbildung in einem Fotostudio absolviert. Neben dem Fotografieren selbst lernt man dort auch, wie Filme entwickelt und Abzüge von den Negativen gemacht werden.

b) ____________________

Das Hauptgeschäft von „Optik Bauer" befindet sich in der Turmstraße, also in der Fußgängerzone. Dort arbeiten regelmäßig vier Optiker bzw. Optikerinnen in der Kundenbetreuung und außerdem ein Optiker in einer angeschlossenen kleinen Werkstatt. Hier werden aber nur kleinere Serviceleistungen erbracht (z. B. Brillen reinigen, richten, kleinere Reparaturen an Gestellen). Größere Reparaturen und umfangreichere Serviceleistungen (zerbrochene Gläser ersetzen, Bügel erneuern, Gestelle auswechseln) erfolgen in der Werkstatt in der Südvorstadt (Martinstraße). Dort unterhält „Optik Bauer" genauso eine Filiale wie am Hauptbahnhof, wo aber fast nur Zusatzprodukte (Brillensprays, Sonnenbrillen, Etuis usw.) verkauft werden.

c) ______________________________

Meine größte Befürchtung war, dass ich als Mädchen in dem Beruf als Kfz-Mechanikerin ständig aufgezogen werde. Auch wenn ein Mechaniker einmal eine Bemerkung in dieser Richtung gemacht hat, war das Arbeitsklima insgesamt sehr gut. Das lag mit am Werkstattchef, der mich sofort sehr freundlich begrüßt und mir gesagt hat, dass er es toll findet, dass ich ein Praktikum als Automechanikerin mache, und dass Geschick und technisches Verständnis für diesen Beruf viel wichtiger sind als Kraft.

→ Lösungsheft Seite 8

3.2.1 Einen Tagesbericht verfassen

In einem **Tagesbericht** fasst du zusammen, womit du während des Arbeitstages beschäftigt warst. Dein Tagesbericht sollte:

- **übersichtlich gegliedert sein** (z. B. indem du für jeden Zeitabschnitt einen neuen Absatz beginnst)
- **lückenlos** und in der **richtigen Reihenfolge** (sowie unter Angabe der Zeiten) alle Arbeiten enthalten, die du an dem entsprechenden Tag durchgeführt hast (achte dabei darauf, dass deine Darstellung keine W-Frage unbeantwortet lässt)
- **sachlich** formuliert und in der **1. Person Singular Präteritum** geschrieben sein
- **Erklärungen für Fachbegriffe** enthalten.

(1) Überprüfe, welche Kriterien der Auszug aus einem Tagesbericht erfüllt und welche nicht. Halte deine Überprüfungsergebnisse fest.

7. Praktikumstag

Am Morgen habe ich zuerst bei der Wartung eines Fahrzeuges, das am späten Vormittag abgeholt werden sollte, geholfen und zum ersten Mal selbstständig einen Ölwechsel gemacht. ☐

Anschließend musste ich bis zur Mittagspause die Gebrauchtwagen auf dem Hof waschen, was bei der Kälte eine recht unangenehme Arbeit war. ☐

Nach der Mittagspause hat mich der Chef des Autohauses zur Filiale der Westfalia-Bank in der Innenstadt geschickt, weil dort ein Kunde von uns arbeitet, der uns gestern Abend sein Auto zur Reparatur auf den Hof gestellt hat, aber vergessen hat, den Schlüssel in den Briefkasten zu werfen. ☐

Als ich nach über einer Stunde wieder zurück war, musste ich anfangen, die Werkstatt aufzuräumen, da auf der letzten Hebebühne heute nicht mehr gearbeitet werden sollte. ☐

Dann habe ich einem Mechaniker bei der Reparatur der Bremshydraulik eines Wagens geholfen und ihm Werkzeug und Ersatzteile zugereicht. Dabei hat mir der Mechaniker erklärt, wie eine Bremshydraulik überhaupt funktioniert. ☐

Anschließend musste ich bis zum Feierabend weiter die Werkstatt putzen. ☐

☐

____

____

____

____

→ Lösungsheft Seite 8

Schreiben

② **Übung**: Formuliere selbst anhand der aufgeführten Angaben einen Tagesbericht. Achte dabei darauf, dass du die Satzanfänge variierst (nicht immer „Dann“ verwendest). Arbeite im Heft.

3. Praktikumstag

9.00 – 9.30 Uhr	Schaufensterscheiben geputzt
9.30 – 10.30 Uhr	Warenlieferungen im Lager ausgepackt und einsortiert
10.30 – 11.20 Uhr	Bestand der Regale im Verkaufsraum kontrolliert, verschiedene Produkte nachgefüllt
11.20 – 13.00 Uhr	Frau Meyer bei der Kundenberatung zugesehen und geholfen (Waren geholt und wieder wegsortiert, von Kunden gekaufte Sachen eingepackt)
13.00 – 14.00 Uhr	Mittagspause

→ Lösungsheft Seite 8

3.2.2 Einen Vorgang beschreiben

In einer **Vorgangsbeschreibung** solltest du:
- alle Schritte eines Vorgangs möglichst genau und in der richtigen Abfolge beschreiben
- sachlich schreiben und dich auf die notwendigen Angaben beschränken
- das Präsens verwenden
- den Vorgang allgemein darstellen (Sätze mit „man“ oder im Passiv)

Achte darauf, dass du die Sätze trotzdem abwechslungsreich formulierst und nicht jeden Satz mit „Dann“ oder „Anschließend“ beginnst.

① Als Praktikantin in einem Friseurgeschäft möchte Alexandra das Haarewaschen als typische Tätigkeit beschreiben. Setze für sie mithilfe der Bilder diese Vorgangsbeschreibung fort.

Bevor man den Kopf des Kunden mit dem Nacken an das Waschbecken legt, bindet man ihm einen Schutzumhang um, hängt ihm ein Handtuch über die Schultern und legt ihm eine Papiermanschette um den Hals. So ist seine Kleidung geschützt. …

→ Lösungsheft Seite 8

3.3 Einen Interpretationsaufsatz verfassen

(1) Ordne die Arbeitsschritte in der richtigen Reihenfolge den einzelnen Phasen für das Verfassen eines Interpretationsaufsatzes zu.

Verschriftlichen der Ergebnisse in Einleitung, Hauptteil und Schluss – Analyse des Textes – Überprüfung und ggf. Korrektur des Sprachstils und der Orthografie – genaues Lesen der Aufgabenstellung und des Textes – Erstellen eines Schreibplans – Überprüfung und ggf. Korrektur der Gliederung und des Inhaltes

Phase	Arbeitsschritte
I Planen	• • •
II Schreiben	•
III Überarbeiten	• •

→ Lösungsheft Seite 8

Schreiben

Hast du den Text, den du interpretieren möchtest, gründlich mit Blick auf die Fragestellung ausgewertet, solltest du zunächst einen **Schreibplan** aufstellen. In diesem hältst du stichwortartig zu allen Teilen deines Aufsatzes fest, was du schreiben und wie du deine Deutungen durch den Text belegen (Zitate) möchtest. Der Schreibplan hat also dieselbe Gliederung wie der **Interpretationsaufsatz** selbst. Dein Aufsatz sollte folgendermaßen gegliedert sein:
In der **Einleitung** nennst du Autor, Titel und Textsorte und fasst das Thema bzw. die Aussageabsicht des Textes kurz zusammen. Im **Hauptteil** fasst du zunächst den Inhalt des Textes kurz zusammen. Anschließend stellst du deine Analyse- und Interpretationsergebnisse schrittweise (d. h. analog zum Text) dar und belegst sie mit Zitaten. Am Ende des Hauptteils fasst du die wichtigsten Interpretationsergebnisse zusammen. Zum **Schluss** bewertest du den Text in Form einer begründeten Stellungnahme. Dabei kannst du auch auf seine Bedeutung für die Leser allgemein oder für dich ganz persönlich eingehen.

(2) Bearbeite zunächst den Abschnitt 5.2 auf Seite 75 f. und interpretiere anschließend den Text „Vielleicht hat sie ein rosa Hemd" unter der folgenden Aufgabenstellung. Arbeite im Heft.

→ Lösungsheft Seite 8

Interpretiere den Text „Vielleicht hat sie ein rosa Hemd" von Wolfgang Borchert. Gehe dabei wie folgt vor:
a) Fasse den Inhalt des Textes kurz zusammen.
b) Stelle dabei dar, welche Bedeutung das Stück rosa Stoff für Timm hat, und erkläre, weshalb er es aufbewahrt hat.

(3) **Übung**: Überarbeite mithilfe dieser Kriterien deinen Interpretationsaufsatz (vgl. Aufgabe (2)).

▶ Checkliste

Bei der Überarbeitung deiner Texte können dir die aufgeführten Kriterien von Nutzen sein:

Inhalt
- ✔ Ist mein Aufsatz für den Leser gedanklich nachvollziehbar? Wird dem Leser klar, was ich ihm mitteilen will/worum es geht?
- ✔ Werden alle Aussagen durch Zitate belegt?

Gliederung/Aufbau
- ✔ Ist mein Text sinnvoll und nachvollziehbar gegliedert (Einleitung, Hauptteil, Schluss)?
- ✔ Ist die Reihenfolge meiner Mitteilungen für den Leser nachvollziehbar? Zieht sich inhaltlich ein „roter Faden" durch den Text?
- ✔ Sind größere Sinnabschnitte durch Absätze voneinander getrennt?

sprachlicher Ausdruck
- ✔ Ist mein Satzbau klar und verständlich und nicht zu verschachtelt konstruiert?
- ✔ Sind die Sätze sinnvoll miteinander verknüpft?
- ✔ Ist meine Wortwahl treffend und stilistisch richtig?

Grammatik, Rechtschreibung und äußere Form
- ✔ Ist mein Text fehlerfrei (Grammatik, Rechtschreibung, Zeichensetzung)?
- ✔ Entspricht die äußere Form den Anforderungen (Schrift, Rand, Überschrift usw.)?
- ✔ Sind eventuelle Korrekturen eindeutig zuzuordnen?

→ Lösungsheft Seite 8

4 Sich verständigen – Gespräche führen – Argumentieren

Sprechen und Zuhören

4.1 Vorstellungsgespräche vorbereiten und führen

Ein **Vorstellungs- oder Bewerbungsgespräch** hat in der Regel vier Phasen:
In der **Begrüßungsphase** stellen sich die Gesprächspartner mit ihrem Namen vor. Um dem Bewerber die Nervosität zu nehmen, werden dir zunächst einige Höflichkeitsfragen gestellt („Haben Sie uns gut gefunden?“, „Wie war Ihre Anreise?“), auf die du höflich, aber nicht allzu ausführlich antworten solltest.
Die **Vertiefungsphase** ist der wichtigste Gesprächsteil und nimmt die meiste Zeit ein. Hier werden dir Fragen zu deiner Person gestellt, die der Firma helfen, ein möglichst genaues Bild von deinen Eigenschaften, Interessen und Fähigkeiten zu bekommen.
Es folgt die **Phase der Bewerberfragen**, dass bedeutet, dass dir am Ende der Vertiefungsphase Gelegenheit gegeben wird („Haben Sie Fragen an uns, Herr/Frau …?“), selbst Fragen, z. B. an den Ausbildungsleiter zu stellen.
In der **Schlussphase** wird dir erklärt, wie das Bewerbungsverfahren weitergeht. In der Regel sagt man dir, dass die Firma sich bei dir melden wird. Hast du selbst Fragen zum weiteren Verfahren, kannst du diese hier stellen. Es folgt die Verabschiedung.
Auf die **Begrüßungsphase** und die Verabschiedung kann man sich kaum vorbereiten.
Hier ist vor allem wichtig, dass du offen und **freundlich** bist und dich an die allgemeinen **Höflichkeitsregeln** hältst.

(1) **Übung**: Welche Fehler machen die Bewerber in den drei Beispielen? Leite aus den Darstellungen Verhaltensregeln ab (z. B. jemand ist unfreundlich und gibt patzige Antworten → Verhaltensregel: Bei Bewerbungsgesprächen sollte man freundlich sein und höflich antworten.).

Kommentar: ____

Verhaltensregel: ____

____

→ Lösungsheft Seite 8

Sprechen und Zuhören

Kommentar: ____

Verhaltensregel: ____

____

Kommentar: ____

Verhaltensregel: ____

____

→ Lösungsheft Seite 8

Sprechen und Zuhören

Ein **Bewerbungs- bzw. Vorstellungsgespräch** musst du gründlich **vorbereiten.**
Für die **Vertiefungsphase** solltest du:

- dir klarmachen, weshalb du dich für diese Stelle bzw. für diesen Beruf beworben hast (häufige Fragen: Warum möchten Sie diesen Beruf erlernen? Wie sind Sie auf unser Unternehmen gekommen?)
- noch einmal die bisherigen Schritte (z. B. Anzeige der Firma, Bewerbungsschreiben, telefonisches Vorgespräch, Schnupperpraktikum) im Bewerbungsverfahren durchgehen (häufig wird im Gespräch daran angeknüpft: In Ihrem Brief schreiben Sie, dass Sie gerne lesen. Welches Buch haben Sie denn zuletzt gelesen?)
- dir deine Stärken und Schwächen bewusst machen (häufige Fragen: Ihre Note im Fach … war nicht so gut, wie kommt das? Wo liegen Ihrer Ansicht nach Ihre Stärken?).

Bei den Antworten auf diese oder andere Fragen, solltest du stets ehrlich sein, dabei aber versuchen, deine Stärken in den Vordergrund zu stellen. Wirst du auf Schwächen angesprochen, antworte ebenfalls ehrlich. Verdeutliche aber auch, dass du dazugelernt hast oder an der Beseitigung dieser Schwäche arbeitest. Sprich niemals schlecht über andere oder suche die Schuld bei ihnen!
Für die **Phase der Bewerberfragen** solltest du:

- dich über den Betrieb bzw. das Unternehmen erkundigen, damit du in dieser Gesprächsphase an deine Rechercheergebnisse anknüpfen kannst (z. B. Auf ihrer Homepage habe ich gelesen, dass …; In Ihrer Anzeige erwähnen Sie, dass …)
- auf der Grundlage deiner Recherche zwei oder drei Fragen vorbereiten, die du stellen kannst (wenn du die Gelegenheit zu fragen, nicht nutzt, macht dies einen schlechten Eindruck und wird dir als Desinteresse ausgelegt).

Deine Fragen solltest du firmen- oder ausbildungsbezogen stellen (z. B. Werde ich alle Abteilungen des Betriebes in meiner Ausbildung durchlaufen? Arbeitet Ihr Unternehmen auch mit ausländischen Partnern zusammen?). Stelle keine Fragen zu den Bereichen Lohn, Urlaub oder Pausen.

(2) Wie beurteilst du jeweils die Antworten auf die Fragen? Begründe deine Meinung. Arbeite im Heft.

Womit beschäftigen Sie sich in Ihrer Freizeit?

Durch die vielen Hausaufgaben für die Schule habe ich ja kaum Freizeit. Abends gehe ich manchmal mit meinen Freunden aus oder sehe etwas fern. Und in den Ferien fahre ich mit meinen Eltern weg, Skifahren, Segeln und so. Aber meistens habe ich, wie gesagt, sehr viel zu tun.

Wie informieren Sie sich über das aktuell politische und kulturelle Geschehen?

Wir haben zuhause eine Tageszeitung abonniert, die ich regelmäßig lese. Außerdem höre ich morgens beim Frühstück im Radio die Nachrichten; wenn mich dann etwas besonders interessiert, sehe ich mir es auch abends in der Tagesschau an.

→ Lösungsheft Seite 9

Sprechen und Zuhören

(3) **Übung**: Formuliere aus, wie du selbst auf die folgende Frage in einem Vorstellungsgespräch antworten könntest.

Wo liegen Ihre Stärken, wo Ihre Schwächen?

→ Lösungsheft Seite 9

4.2 Eine textgebundene Erörterung schreiben

Bei einer **textgebundenen Erörterung** solltest du dir zunächst klarmachen, wofür oder wogegen ein Autor bzw. eine Autorin in dem der Erörterung zugrunde liegenden Text argumentiert. Häufig geht es dabei um einen **zentralen Streitpunkt**, der sich auf eine Entscheidungsfrage reduzieren lässt. Es ist möglich, dass von diesem zentralem Gesichtspunkt weitere Detailfragen abhängen, die ebenfalls strittig sein können.

(1) Lies dir zunächst den Text des amerikanischen Computerpioniers und -experten Joseph Weizenbaum durch. Entscheide anschließend, welche der sich aus dem Text ergebenden Frage der zentrale Streitpunkt ist. Kreuze diese Frage an. Begründe kurz deine Einschätzung.

Joseph Weizenbaum: Mit Computern erziehen wir die Kinder zu fantasielosen Befehlsempfängern

Dies ist die richtige Zeit, darüber zu spekulieren, was uns das neue Jahrhundert bringen wird. Projiziere ich in die Zukunft, was bereits jetzt zu beobachten ist, so sehe ich, dass der größere Teil der Massen in den so genannten fortschrittlichen Ländern in zunehmendem Maße seinen Arbeitstag damit verbringen wird, den Befehlen der Maschine Folge zu leisten, während er für den Rest der Zeit am Busen der großen Bestie Unterhaltung saugt.

Das ist eine fürchterliche Vision und sie lässt die drängende Frage aufkommen, ob Eltern ihre Kinder wirklich dazu erziehen wollen, als Erwachsene so zu leben. Denn genau das wird geschehen, wenn Eltern ihre Kinder zu früh dem Computerunterricht an der Schule aussetzen. Es steht außer Frage, dass der Computer kreativ genutzt werden kann. Er ist ein Instrument mit größerem Potenzial, als es die Bühne je für den Dramatiker war. Der menschlichen Vorstellungskraft eröffnet sich eine nie da gewesene Freiheit.

Doch die oberflächliche Kenntnis, wie ein Computer zu bedienen ist, verlangt vom Benutzer, dass er oder sie lernt, blind und sogar geistlos den Befehlen zu folgen, welche die Maschine diktiert. Genau wie die Mathematik, die Mutter aller Wissenschaften, eine wachsende intellektuelle und emotionale Reife verlangt, wenn sie nicht auf der trivialsten Ebene gemeistert werden soll, so erfordert dieses wunderbare Instrument, der Computer, nicht allein eine lebhafte Intelligenz, sondern eine ebensolche Vorstellungskraft, wenn es auf eine Art und Weise genutzt werden soll, die sich nicht darin erschöpft, seine Befehle zu befolgen. Der Geist gesunder Kinder ist voll von herrlicher, kreativer Fantasie. Die muss gefördert werden. Das noch unreife Kind dazu zu erziehen, bedingungslos abstrakten Regeln zu gehorchen, deren Autorität nur darin begründet ist, dass sie in zumeist unverständlichen Handbüchern niedergeschrieben sind, bedeutet, diese Vorstellungskraft zu zerstören und die Kreativität in einen Käfig zu sperren. Ein so gedrilltes Kind wird nur zu einem Übersetzer der Gedanken anderer Leute heranwachsen, aber selbst nichts zu sagen haben. Es ist ein Angriff auf den Geist des Kindes zur denkbar ungünstigsten Zeit in seinem Leben, ein Angriff, der seinen fantasievollen Geist zur Rigidität[1] verdammt. Noch wichtiger: Die Entscheidung, heute etwas Neues in den Schulalltag zu integrieren, seien es Computer oder was auch immer, erfordert eine Neubewertung der von der Schule gesetzten Prioritäten. Soll der Sprach- oder Geschichtsunterricht gekürzt werden, um Zeit für Computerstunden herauszuholen? Werden deutsche Schulen heute ihrer erzieherischen Verantwortung vollständig gerecht? Unterrichten sie Kinder darin, sich selbst in Sprache und Schrift klar auszudrücken? Und: Sind die primitiven Trivialitäten, die dann in den unteren Klassen als Computerunterricht eingeführt werden, mehr wert als die Lehrer, die entlassen werden müssen, um die Anschaffung und Wartung der Computer zu finanzieren?

Natürlich sind Eltern besorgt, ihre Kinder könnten das Rennen um gute Jobs oder um Arbeit überhaupt verlieren, wenn sie sich ohne Erfahrung mit Computern auf den Arbeitsmarkt begeben. In Wahrheit können alle Computerkenntnisse, die in Berufen außerhalb der Wissenschaft und des Ingenieurswesens gebraucht werden, innerhalb weniger Monate, beispielsweise in den Schulferien, von jedem erworben werden, der, sagen wir, älter als 16 ist. Außerdem sind für die meisten Jobs, in denen Computer benutzt werden, überhaupt keine Computerkenntnisse im engeren Sinne nötig. Die Person, die am Computerarbeitsplatz oder an der Registrierkasse sitzt, muss lediglich imstande sein, deutlich markierte Felder auf dem Bildschirm auszufüllen. Nicht einmal der Pilot eines sehr großen Flugzeugs muss etwas von Computern verstehen, um den Auto-Piloten dieses Flugzeugs zu „programmieren“. [...]

aus: DIE ZEIT 7/2000

[1] Verstarrung, Steifheit

	zentraler Streitpunkt
a) Ab welchem Alter sollten sich Jugendliche mit dem Computer befassen?	☐
b) Welche Bedeutung haben Computerkenntnisse in der Arbeitswelt?	☐
c) Sollten Kinder an den Schulen Computerunterricht erhalten?	☐
d) Welche Inhalte müssten zugunsten des Computerunterrichts reduziert werden?	☐

Meine Begründung:

____

____

____

____

____

____

____

→ Lösungsheft Seite 9

Schreiben

Hast du den Text gelesen und herausgefunden, worin das zentrale Anliegen des Autors bzw. der Autorin besteht, **analysierst** du die **Argumentation des Textes.**
Dazu schreibst du zunächst alle vorgebrachten Argumente heraus oder markierst sie im Text. Anschließend prüfst du sie und fragst dich, ob sie wirklich zutreffen oder ob die Argumente vielleicht auf Voraussetzungen beruhen, die selbst strittig oder zweifelhaft sind.
Außerdem solltest du prüfen, ob an allen Stellen sachlich argumentiert wird.

(2) **Übung**: Notiere in der Tabelle stichwortartig alle von dem Autor Joseph Weizenbaum vorgebrachten Argumente, die gegen einen Computerunterricht sprechen. Lass zunächst die Spalte „Bewertung" frei. Du kannst, wenn du möchtest, die entsprechenden Textstellen zuvor im Text markieren.
Achtung: Es kann sein, dass du nicht alle Zeilen der Tabelle benötigst.

Argument	Bewertung

→ Lösungsheft Seite 9

(3) **Übung**: Nimm nun eine Bewertung der Argumente Weizenbaums vor. Du kannst hier angeben, welche Argumente dir einleuchten, welche nicht und weshalb. Es ist außerdem möglich, dass du dir bereits mögliche Gegenargumente überlegst und die Argumente nach ihrer Stichhaltigkeit gewichtest. Notiere deine Ergebnisse in der Tabelle.

→ Lösungsheft Seite 9

Bevor du die Erörterung schreibst, solltest du dir einen **Schreibplan** erstellen. Dabei orientierst du dich am **Aufbau von Erörterungen** und machst dir entsprechende Notizen:

- **Einleitung:** Auf jeden Fall nennst du, soweit jeweils bekannt, Titel, Autor, Textsorte, Textquelle und das Erscheinungsdatum des Textes, um den es geht. Außerdem solltest du die Hauptaussage des Textes nennen und eine erste Bewertung des Problems aus deiner Sicht vornehmen.
- **Hauptteil:** Hier zeigst du die Argumente des Autors auf und kommentierst bzw. bewertest sie kritisch und sachlich. Anschließend stellst du deine eigene Sicht auf das Thema dar. Diese Darstellung muss gut begründet sein. Dazu solltest du dir im Schreibplan bereits Beispiele bzw. Belege für deine Argumente überlegen. – Grundsätzlich ist es zwar einfacher, wenn du die im Text vertretene Sichtweise nicht teilst, du kannst aber einem Autor auch zustimmen. Dann musst du seine Argumentation verstärken und weitere Argumente nennen.
- **Schluss:** Hier fasst du deine Überlegungen zusammen. Du kannst die Fragestellung auch erweitern oder neue Aspekte des Themas und seiner Lösung aufzeigen.

(4) **Übung**: Erstelle zunächst einen Schreibplan für eine Erörterung zum Text „Mit Computern erziehen wir die Kinder zu fantasielosen Befehlsempfängern". Schreibe anschließend diese Erörterung. Achte bei der Formulierung darauf, dass du, wo immer möglich, unpersönlich formulierst und das Wörtchen „ich" vermeidest. Arbeite jeweils im Heft.

→ Lösungsheft Seite 9

Wie jeden selbst geschriebenen anderen Text auch, musst du auch eine **Erörterung korrigieren und überarbeiten.** Überprüfe besonders, ob du Folgendes beachtet hast:

- im Präsens geschrieben
- korrekt aus dem Text zitiert
- sachlich geschrieben und persönliche Wertungen gut begründet
- deine Argumente sachlich richtig und logisch nachvollziehbar verknüpft
- das Pronomen „ich" soweit wie möglich vermieden.

Selbstverständlich solltest du auch überprüfen, ob die Grammatik und Rechtschreibung in deinem Text korrekt sind.

(5) **Übung**: Markiere in dem Auszug aus einer Erörterung die Formulierungen, mit denen der Verfasser deutlich macht, dass er die Meinung Weizenbaums wiedergibt.

Computer haben ihren festen Platz in der Alltags- und Berufswelt längst erobert, ein Leben ohne PC und Internet ist für viele Menschen heute nicht mehr vorstellbar. Ist es da nicht selbstverständlich, Kinder schon früh in den Umgang mit diesem wichtigen Medium einzuführen? Nicht für den amerikanischen Computerpionier und -experten Joseph Weizenbaum, der in seinem im Jahre 2000 in der Wochenzeitung DIE ZEIT erschienenen Essay „Mit Computern erziehen wir die Kinder zu fantasielosen Befehlsempfängern" gegen den Computerunterricht an Schulen argumentiert.

Weizenbaum befürchtet, dass zu früher Computerunterricht dazu führt, dass man Kinder zu geistlosen Befehlsempfängern erziehe, da ein nicht trivialer Umgang mit dem Computer „eine wachsende intellektuelle und emotionale Reife verlangt" (Z. 14 f.), die Kinder erst noch lernen müssen, aber nicht können, wenn man sie dazu erzieht, „bedingungslos abstrakten Regeln zu gehorchen" (Z. 20 f.). Gravierender ist für Weizenbaum noch, dass dem Computerunterricht andere Unterrichtsfächer zum Opfer fallen, und er fragt sich, ob die Schulen auch ohne Computerunterricht ihrer Verantwortung gerecht würden. In diesem Zusammenhang gibt Weizenbaum auch zu bedenken, dass …

→ Lösungsheft Seite 9

Schreiben

→ Lösungsheft Seite 9

(6) **Übung**: Nenne weitere zehn (redeeinleitende) Formulierungen dieser Art.

____

____

→ Lösungsheft Seite 9

(7) **Übung**: Überarbeite nun deine Erörterung nach den im Merkekasten von Seite 69 genannten Kriterien. Überprüfe auch, ob die Formulierungen, mit denen du auf die Meinung Weizenbaums verwiesen hast, abwechslungsreich gestaltet sind.

4.3 Eine freie Erörterung schreiben

Bei einer freien Erörterung ist es zunächst wichtig, dass du dir das Thema, um das es geht, in seinem vollen Umfang, d.h. mit all seinen Nebenaspekten, klarmachst. Ein gutes Mittel dazu ist eine **Begriffsanalyse**. Hierbei kannst du die Bedeutung eines Begriffes erläutern, aber auch in Zusammenhang mit dem Erörterungsthema erste Fragen an den Begriff anknüpfen.

(1) Probiere das Verfahren der Begriffsanalyse an dem aufgeführten Erörterungsthema aus. Erläutere dazu die Bedeutung der angegebenen Begriffe und/oder formuliere Fragen.

Erörterungsthema
Immer häufiger wird angesichts von zunehmenden Alkoholexzessen Jugendlicher (Stichwort „Komasaufen“, „Flatrate-Partys“ usw.) gefordert, denjenigen Jugendlichen, die bewusst oder grob fahrlässig eine Alkoholvergiftung bei sich herbeiführen, die Kosten für Notarzt und/oder Krankhausaufenthalt zumindest teilweise in Rechnung zu stellen. Sollte eine solche „Eigenbeteiligung“ eingeführt werden? Erörtere diese Frage.

Beispiel: Jugendlicher

Bedeutung/Fragen: Jugendliche sind Menschen, die keine Kinder mehr, aber auch noch nicht erwachsen sind. Gilt die Forderung auch für 14-, 13- oder 12-Jährige? Wie ist das bei Erwachsenen geregelt?

a) grob fahrlässig ____

____

____

b) Alkoholvergiftung ____

____

____

c) Kosten ____

____

____

d) in Rechnung stellen ____

____

____

→ Lösungsheft Seite 9

Schreiben

Aus der Begriffsanalyse lassen sich in der Regel bereits viele Argumente ableiten. Um weitere Argumente (bzw. Beispiele/Belege) zu finden, ist es oft hilfreich, wenn du dir eine **Mindmap** bzw. ein **Ideen-Cluster** anlegst. Hast du für deine Position genügend Argumente gesammelt bzw. dir klargemacht, wie du Gegenargumente widerlegen kannst, solltest du deine eigenen Argumente gewichten (weniger wichtig, wichtig, sehr wichtig).

(2) **Übung**: Sammle in einem Cluster Argumente gegen eine Kostenbeteiligung bei Alkoholvergiftungen. Markiere das Argument, das dir am wichtigsten erscheint.

→ Lösungsheft Seite 9

Grundsätzlich gilt für das Erstellen eines Schreibplans sowie das Verfassen und Überarbeiten von freien Erörterungen Vergleichbares wie bei textgebundenen Erörterungen:

- **Einleitung**: Hier kannst du auf die Aktualität des Themas und/oder seine Bedeutung hinweisen, auch durch ein konkretes Beispiel aus deinem Umfeld. Außerdem solltest du auf den Hauptteil überleiten, z. B. dadurch, dass du deine Meinung formulierst. Je nach Aufgabenstellung kann es hier außerdem nötig sein, den strittigen Punkt schärfer zu formulieren, sodass die gegensätzlichen Positionen ganz deutlich werden (im Sinne einer Ja-/Nein-Frage).
- **Hauptteil**: Hier gibt es zwei Möglichkeiten des Aufbaus:
  Möglichkeit 1: wechselnde Argumentation – dabei wägst du nacheinander alle Pro- und Kontra-Argumente gegeneinander ab und stellst jeweils deine Sichtweise als die überzeugendere dar (z. B. *Es ist zwar verständlich, dass Krankenkassen die hohen Kosten, die durch Fahrlässigkeit entstehen, nicht tragen wollen. Andererseits darf der Kostenaspekt aber nicht im Vordergrund stehen, wenn es um die Gesundheit der Jugendlichen geht.*)
  Möglichkeit 2: zweigeteilte Argumentation – Im ersten Teil widerlegst du zunächst alle Gegenargumente:
  wichtigstes Gegenargument (+ Widerlegung/kritische Hinterfragung) → **wichtiges Gegenargument** (+ Widerlegung) → **weniger wichtiges Gegenargument** (+ Widerlegung)
  Im zweiten Teil (zu dem du mit einem oder zwei Sätzen überleiten solltest), nennst du die Pro-Argumente, wobei du mit dem schwächsten Argument beginnen und mit dem stärksten enden solltest:
  Argument 1 (weniger wichtig) → **Argument 2** (wichtig) → **Argument 3** (sehr wichtig)
- **Schluss**: Hier kannst du wie bei textgebundenen Erörterungen deine Überlegungen zusammenfassen und auch die Fragestellung erweitern, neue Aspekte des Themas und seiner Lösung aufzeigen oder einen Appell an die Leserinnen und Leser richten.

Schreiben

(3) Welche der beiden Möglichkeiten zur Gestaltung des Hauptteils von freien Erörterungen hältst du im Allgemeinen für besser? Begründe deine Meinung und gehe dabei auch auf die Frage ein, weshalb man am besten mit dem schwächsten Argument (bzw. mit der Widerlegung des stärksten Gegenarguments) beginnt und mit dem stärksten Pro-Argument endet.

→ Lösungsheft Seite 9

(4) **Übung**: Erstelle zunächst einen Schreibplan für eine Erörterung zum Thema „Kostenbeteiligung bei Alkoholvergiftung“.

→ Lösungsheft Seite 9

(5) Schreibe nun diese Erörterung. Selbstverständlich kannst du auf deine Vorarbeiten zurückgreifen. Arbeite im Heft. Überarbeite und korrigiere abschließend deinen Aufsatz.

5 Umgang mit literarischen Texten

5.1 Literarische Gattungen unterscheiden

Literarische Texte lassen sich drei Hauptgattungen zuordnen:

- **Lyrische Texte** (zu griech. *lyra* „Leier“) waren ursprünglich zur Leier gesungene Liedtexte. Heute umfasst der Begriff – neben Liedern – die verschiedensten Formen wie Hymnen, Oden, Sonette, Balladen, aber auch konkrete Poesie usw. Allgemein gesagt zeichnen sich lyrische Texte durch eine starke Unmittelbarkeit des sprachlichen Ausdrucks aus.
- **Epische Texte** (zu griech. *epos* „Wort, Rede, Kunde, Nachricht“) sind alle Formen fiktionaler Erzählkunst wie Romane, Novellen, Kurzgeschichten, Märchen, Parabeln usw., in denen das Geschehen durch einen Erzähler vermittelt wird.
- **Dramatische Texte** (zu griech. *drama* „Tat, Handlung“) sind alle Formen, die in szenischer Darstellung einer Handlung auf eine Aufführung hin angelegt sind. Wichtige Formen sind Tragödie, Komödie, Schauspiel, aber auch Hörspiel, Volksstück, Schwank usw.

(1) Füge die drei Merkmale so in die Übersicht ein, dass die beiden Gleichungen aufgehen.

INSZENIERUNG | ERZÄHLERREDE | FIGURENREDE

EPIK = ______ + ______

______ + ______ = DRAMATIK

→ Lösungsheft Seite 10

Umgang mit Texten / Medien

② **Übung**: Lies dir die Ballade „Die Sonne bringt es an den Tag" durch und notiere, welche Elemente von epischen und szenischen Texten sie enthält.
Achtung: Ein Merkmal musst du zweimal notieren.

Adelbert von Chamisso: Die Sonne bringt es an den Tag

Gemächlich in der Werkstatt saß
Zum Frühtrunk Meister Nikolas,
Die junge Hausfrau schenkt' ihm ein,
Es war im heitern Sonnenschein. –
Die Sonne bringt es an den Tag.

Die Sonne blinkt von der Schale Rand.
Malt zitternde Kringeln an die Wand,
Und wie den Schein er ins Auge fasst,
So spricht er für sich, indem er erblasst:
„Du bringst es doch nicht an den Tag." –

„Wer nicht? Was nicht?", die Frau fragt gleich,
„Was stierst du so an? Was wirst du so bleich?"
Und er darauf: „Sei still, nur still!"
Ich's doch nicht sagen kann noch will.
Die Sonne bringt's nicht an den Tag."

Die Frau nur dringender forscht und fragt,
Mit Schmeicheln ihn und Hadern plagt,
Mit süßem und mit bitterm Wort;
Sie fragt und plagt ihn Ort und Ort:
„Was bringt die Sonne nicht an den Tag?"

„Nein, nimmermehr!" – „Du sagst es mir noch." –
„Ich sag es nicht." – „Du sagst es mir doch." –
Da ward zuletzt er müd und schwach
Und gab der Ungestümen nach. –
Die Sonne bringt es an den Tag.

„Auf der Wanderschaft, 's sind zwanzig Jahr,
Da traf es mich einst gar sonderbar.
Ich hatt nicht Geld, nicht Ranzen, noch Schuh',
War hungrig und durstig und zornig dazu. –
Die Sonne bringt's nicht an den Tag.

Da kam mir just ein Jud in die Quer,
Ringsher war's still und menschenleer:
‚Du hilfst mir, Hund, aus meiner Not;
Den Beutel her, sonst schlag ich dich tot!'
Die Sonne bringt's nicht an den Tag.

Und er: ‚Vergieße nicht mein Blut,
Acht Pfennige sind mein ganzes Gut!'
Ich glaubt ihm nicht und fiel ihn an;
Er war ein alter, schwacher Mann –
Die Sonne bringt's nicht an den Tag.

So rücklings lag er blutend da;
Sein brechendes Aug in die Sonne sah;
Noch hob er zuckend die Hand empor,
Noch schrie er röchelnd mir ins Ohr:
‚Die Sonne bringt es an den Tag!'

Ich macht ihn schnell noch vollends stumm,
Und kehrt ihm die Taschen um und um:
Acht Pfenn'ge, das war das ganze Geld.
Ich scharrt ihn ein auf selbigem Feld –
Die Sonne bringt's nicht an den Tag.

Dann zog ich weit und weiter hinaus,
Kam hier ins Land, bin jetzt zu Haus. –
Du weißt nun meine Heimlichkeit,
So halte den Mund und sei gescheit!
Die Sonne bringt's nicht an den Tag.

Wann aber sie so flimmernd scheint,
Ich merk es wohl, was sie da meint,
Wie sie sich müht und sich erbost, –
Du, schau nicht hin und sei getrost:
Sie bringt es doch nicht an den Tag."

So hatte die Sonn eine Zunge nun,
Der Frauen Zungen ja nimmer ruhn. –
„Gevatterin, um Jesus Christ
Lasst Euch nicht merken, was Ihr nun wisst!" –
Nun bringt's die Sonne an den Tag.

Die Raben ziehen krächzend zumal
Nach dem Hochgericht, zu halten ihr Mahl.
Wen flechten sie aufs Rad zur Stund?
Was hat er getan? Wie ward es kund?
Die Sonne bracht es an den Tag.

epische Elemente: ____

____

dramatische Elemente: ____

____

→ Lösungsheft Seite 10

5.2 Gestaltungsmittel in erzählenden Texten untersuchen

5.2.1 Erzählweise

In einem Erzähltext können unterschiedliche Darstellungsweisen vorherrschen, wobei diese Darstellungs- oder Erzählweisen auch ineinander übergehen können und so nicht immer eindeutig voneinander zu unterscheiden sind:

- **beschreibendes Erzählen**: Nicht die Handlung oder ein Geschehen steht im Vordergrund, sondern Figuren, Gegenstände oder Orte werden anschaulich dargestellt.
- **berichtendes Erzählen**: Die Handlung bzw. der zeitlich geordnete Ablauf der Ereignisse steht im Mittelpunkt. Häufig ist diese Darstellungsweise auf das Wesentliche beschränkt, es wird gerafft erzählt.
- **szenisches Erzählen**: Einerseits werden, wie beim beschreibenden Erzählen, die Figuren und Schauplätze anschaulich geschildert; andererseits wird die Handlung, wie im Drama, hauptsächlich durch Figurenrede entfaltet.

Außerdem kann sich ein Erzähler mit eigenen Gedanken oder Urteilen in die Erzählung einbringen. Man spricht dann von einem **Erzählerkommentar.**

① **Übung**: Lies dir den Text genau durch. Ordne anschließend jeder Erzählweise eine Textpassage zu, in der diese Erzählweise deiner Meinung nach dominiert. Schreibe die Zeilenangaben auf. Begründe anschließend deine Meinung.

Wolfgang Borchert: Vielleicht hat sie ein rosa Hemd

Die beiden saßen auf dem Brückengeländer. Ihre Hosen waren dünn und das Brückengeländer war eisig. Aber da gewöhnte man sich dran. Auch dass es so drückte. Sie saßen da. Es regnete, es regnete nicht, es regnete. Sie saßen und hielten Parade ab. Und weil sie einen Krieg lang nur Männer gesehen hatten, sahen sie jetzt nur Mädchen.

Eine ging vorbei.

Hat einen ganz schönen Balkon. Kann man auf Kaffee trinken, sagte Timm.

Und wenn sie so lange in der Sonne rumläuft, wird die Milch sauer, grinste der andere.

Dann kam noch eine.

Steinzeit, resignierte der neben Timm.

Alles voll Spinngewebe, sagte der.

Dann kamen Männer. Die kamen ohne Kommentar davon. Schlosserlehrlinge, Büroangestellte mit weißer Haut, Volksschullehrer mit genialen Gesichtern und schäbigen Hosen, dicke Männer mit dicken Beinen, Asthmatiker und Straßenbahner mit Feldwebelschritt.

Und dann kam sie. Sie war ganz anders. Man hatte das Gefühl, sie müsse nach Pfirsich riechen. Oder nach ganz sauberer Haut. Sicher hatte sie auch einen ganz besonderen Namen: Evelyne – oder so. Dann war sie vorbei. Die beiden sahen hinterher.

Umgang mit Texten / Medien

Vielleicht hat sie ein rosa Hemd, meinte Timm dann.

Warum, sagte der andere.

Doch, antwortete Timm, die so sind, die haben meistens ein rosa Hemd.

Blöde, sagte der andere, sie kann ebensogut ein blaues haben.

Kann sie eben nicht, du, kann sie eben nicht. Solche, die haben rosane. Das weiß ich ganz genau, mein Lieber. Timm wurde ganz laut, als er das sagte.

Da sagte der neben ihm: Du kennst wohl eine?

Timm sagte nichts. Sie saßen da und das Brückengeländer war eisig durch die dünnen Hosen. Da sagte Timm:

Nein, ich nicht. Aber ich kannte mal einen, der hatte eine mitn rosa Hemd. Beim Kommiss[1]. In Russland. In seiner Brieftasche hatte er immer son Stück rosa Zeug. Aber das ließ er nie sehen. Aber an einem Tag fiel es auf die Erde. Da haben es alle gesehen. Aber gesagt hat er nichts. Nur angelaufen ist er. Wie das Stück Zeug. Ganz rosa. Abends hat er mir dann erzählt, das hätte er von seiner Braut. Als Talisman, weißt du. Sie hat nämlich lauter rosa Hemden, hat er gesagt.
Und davon ist es.

Timm hörte auf.

Na und?, fragte der andere.

Da sagte Timm ganz leise: Ich hab es ihm weggenommen. Und dann hab ich es hochgehalten. Und wir haben alle gelacht. Mindestens eine halbe Stunde haben wir gelacht. Und was die für Dinger gesagt haben, kannst du dir denken.

Und da?, fragte der neben Timm.

Timm sah auf seine Knie. Er hat es weggeworfen, sagte er. Und dann sah Timm den andern an: Ja, sagte er, er hat es weggeworfen, und dann hat es ihn erwischt. Am nächsten Tag hat es ihn schon erwischt.

Sie sagten beide nichts. Saßen da und sagten nichts. Aber dann sagte der andere: Blödsinn. Und er sagte es noch einmal. Blödsinn, sagte er.

Ja, ich weiß, sagte Timm. Natürlich ist es Blödsinn. Das ist ja ganz klar. Das weiß ich auch. Und dann sagte er noch: Aber komisch, weißt du, komisch ist es doch.

Und Timm lachte. Sie lachten alle beide. Und Timm machte eine Faust in der Hosentasche. Dabei zerdrückte er etwas. Ein kleines Stück rosa Stoff. Viel rosa war da nicht mehr dran, denn er hatte es schon lange in der Tasche. Aber es war noch rosa. Er hatte es aus Russland mitgebracht.

[1] umgangssprachlich für „Militärdienst"

a) Beispiel für eine eher beschreibende Textstelle: *Z:* ______ *Z:* ______

Begründung: ______________________

____

b) Beispiel für eine eher berichtende Textstelle: *Z:* ______ *Z:* ______

Begründung: ______________________

____

c) Beispiel für eine eher szenisch erzählende Textstelle: *Z:* ______ *Z:* ______

Begründung: ______________________

____

→ Lösungsheft Seite 10

5.2.2 Figurenrede

Zur Wiedergabe der Äußerungen bzw. Gedanken von Figuren in einem literarischen Text gibt es vier Möglichkeiten:

- **direkte Rede** mit den Kennzeichen Redeeinleitung und Anführungsstriche
  (Er sagte/dachte: „Das muss ich mir aber gründlich überlegen!")
- **indirekte Rede** mit dem Kennzeichen Konjunktiv
  (Er sagte/dachte, dass er sich das aber gründlich überlegen müsse.)
- **erlebte Rede** mit den Kennzeichen 3. Person und Präteritum
  (Das musste er sich aber gründlich überlegen!)
- **innerer Monolog** mit den Kennzeichen 1. Person und Präsens
  (Ich glaube, das mach ich. Oder doch nicht? Ich überlege mir das wohl noch einmal gründlich.)

(1) Die direkten Reden im Text „Vielleicht hat sie ein rosa Hemd" weisen eine formale Besonderheit auf. Welche?

____

→ Lösungsheft Seite 10

(2) **Übung**: Im Text „Vielleicht hat sie ein rosa Hemd" findest du eine indirekte Redewiedergabe. Markiere sie und gib anschließend die Textstelle als direkte Rede wieder.

Umformung: ____

____

→ Lösungsheft Seite 10

(3) **Übung**: Forme wie im Beispiel die direkten Reden in Äußerungen erlebter Rede um.

direkte Rede	**erlebte Rede**
Timm dachte: „Das kann nur Blödsinn sein."	*Das konnte nur Blödsinn sein.*
Timm dachte: „Warum habe ich bloß das Stück rosa Stoff hergezeigt?"	*Warum …*
Timm dachte: „Die sieht aber gut aus."	
Timm dachte: „Wieso kann ich nur den Vorfall nicht vergessen?"	
Timm dachte: „Ich will den rosa Stoff für immer behalten."	

→ Lösungsheft Seite 10

5.2.3 Zeitgestaltung

Erzählungen bzw. Erzählpassagen können auf folgende Weise erzählt sein:

- **zeitdeckend**: In diesem Fall entspricht die Zeit, die du zum Lesen brauchst (= Erzählzeit) der Dauer der im Text dargestellten Zeitspanne (= erzählte Zeit). Zeitdeckend sind z. B. alle Figurenreden (das Lesen einer Äußerung dauert ungefähr so lange, wie die Figuren brauchen, um dieselbe Äußerung zu sprechen).
- **zeitraffend**: In diesem Fall ist die Erzählzeit kürzer als die erzählte Zeit. Zeitraffend sind fast alle Berichte; werden dabei größere Zeitspannen überbrückt, spricht man auch von **Zeitsprüngen** (z. B. „*Am nächsten Morgen erwachte sie völlig …*").
- **zeitdehnend**: In diesem Fall ist die Erzählzeit länger als die erzählte Zeit. Dies findest du manchmal beim spannenden Erzählen, wenn ein Vorgang, der in Wirklichkeit nur einige Sekunden dauern würde, über mehrere Seiten beschrieben wird.
- **zeitneutral**: In diesem Fall hat die Erzählzeit keinen Bezug zur erzählten Zeit. Dies ist oft bei einer Beschreibung oder bei einem Erzählerkommentar der Fall.

Ein Erzähltext muss sich dabei nicht an den zeitlichen Ablauf des erzählten Geschehens halten: Möglich sind sowohl **Vorausdeutungen** (z. B. „*Erst heute, da ich die ganze schreckliche Wahrheit kenne, kann ich berichten, wie alles dazu kam …*") als auch **Rückblenden** (z. B. „*Ich erinnerte mich plötzlich daran, was damals geschehen war: Vor etwa sieben Jahren kam sie …*").

(1) **Übung**: Um welche Art der Zeitgestaltung handelt es sich bei dem Auszug aus dem Text „Vielleicht hat sie ein rosa Hemd"? Kreuze die richtige Antwort an.

→ Lösungsheft Seite 10

> „Aber ich kannte mal einen, der hatte eine mitn rosa Hemd. Beim Kommiss. In Russland. In seiner Brieftasche hatte er immer son Stück rosa Zeug. Aber das ließ er nie sehen. Aber an einem Tag fiel es auf die Erde. Da haben es alle gesehen. Aber gesagt hat er nichts. Nur angelaufen ist er. Wie das Stück Zeug. Ganz rosa. Abends hat er mir dann erzählt, das hätte er von seiner Braut. Als Talisman, weißt du. Sie hat nämlich lauter rosa Hemden, hat er gesagt."

zeitdeckend ☐ zeitraffend ☐ zeitdehnend ☐ zeitneutral ☐

→ Lösungsheft Seite 10

(2) **Übung**: Markiere im Textauszug die Stellen, die Zeitsprünge anzeigen.

(3) **Übung**: Verfasse selbst eine kurze Erzählung über ein aufregendes oder lustiges Erlebnis, das du in letzter Zeit hattest. Experimentiere dabei mit der Zeitgestaltung und versuche, eine Vorausdeutung oder eine Rückblende einzubauen. Arbeite im Heft.

5.2.4 Handlungs- und Stimmungsräume

Als **Handlungsraum** eines Textes bezeichnet man die Schauplätze der Handlung samt den sich dort befindenden Gegenständen.

Unter **Stimmungsraum** (auch: Symbolraum) eines Textes versteht man die Stimmung, die von einem Handlungsraum ausgeht. Diese Stimmung kann dabei symbolischen Charakter haben. Zum Beispiel kann sich eine Figur bei strahlendem Wetter auf eine Reise machen und die ganze Natur und ihre Erscheinungen (Bäume, Blumen usw.) als herrlich erleben. Spiegeln das Wetter und die Landschaft die Gefühlslage der Figur wider (geht es der Figur also selbst „herrlich"), dann ist der Handlungsraum zugleich Stimmungsraum. Umgekehrt kann man aus der Beschreibung des Handlungsraumes oft auch Rückschlüsse auf die Gefühle der Figuren ziehen.

(1) Lies dir noch einmal die Zeilen 1–4 des Textes „Vielleicht hat sie ein rosa Hemd“ durch. Überlege, ob der Handlungsraum zugleich die Stimmung der Figuren wiedergibt. Begründe kurz deine Einschätzung. Arbeite im Heft.

→ Lösungsheft Seite 10

5.3 Epische Erzählformen unterscheiden

5.3.1 Novelle und Roman

Bei einer **Novelle** steht meist ein Ereignis (nach einer Definition von Goethe: „eine sich ereignete **unerhörte Begebenheit**“) im Mittelpunkt, das die meist **einsträngige Handlung** und das Verhalten der Figuren bestimmt. Eine Novelle ist eine **kunstvoll gestaltete längere Erzählung** (von bis zu 100 Seiten), die ähnlich wie ein szenischer Text, einen **Höhe- oder Wendepunkt** aufweist. Bei einem **Roman**, der einen Umfang von bis zu vielen hundert Seiten haben kann, werden meist verschiedene Erzählstränge (= **mehrsträngige Handlung**) miteinander verflochten, deren Zusammenhang sich oft erst im Laufe der Zeit erschließt. Der Roman weist außerdem ein **umfangreiches Figurenpersonal** auf. Im Gegensatz zur Novelle beschreibt der Roman nicht einzelne Begebenheiten, sondern bildet einen **breiten Wirklichkeitsausschnitt** ab.

(1) **Übung**: Lies dir den Ausschnitt aus einem Literaturlexikon über das Prosawerk „Der Verbrecher aus verlorener Ehre“ von Friedrich von Schiller durch. Entscheide aufgrund der Angaben, ob es sich bei dem Werk um eine Novelle oder um einen Roman handelt, und kreuze an. Begründe anschließend deine Meinung. Arbeite im Heft.

Der Verbrecher aus verlorener Ehre

[…] Held der Geschichte ist Christian Wolf, der, als Sohn eines Gastwirts in einer Landstadt aufgewachsen, aufgrund unglücklicher Verhältnisse allmählich auf die schiefe Bahn kommt, Wilddiebereien begeht, nach seiner ersten Bestrafung rückfällig wird, erneut ertappt und zu einer Gefängnisstrafe verurteilt wird, nach seiner Freilassung wiederum rückfällig wird, einen Jäger erschießt, flüchtet und dabei unter Räuber gerät, zum Hauptmann ausgerufen wird, zahlreiche Verbrechen begeht, endlich aber, nach wiederholten Versuchen, sich von der Bande abzusetzen, den Entschluss fasst, sich als Soldat in preußische Dienste zu begeben und ein Leben im Rahmen der Gesetze zu führen. Auf dem Weg zur Grenze wird er durch einen Zufall ergriffen, er legt ein freiwilliges Geständnis ab, wird zum Tode verurteilt und hingerichtet.

Die Handlung entspricht in den Grundzügen durchaus den zahllosen sowohl historisch als auch fiktiven Räubergeschichten des 18. und 19. Jahrhunderts. Schiller verfolgt aber im Unterschied zu den meisten seiner Vorläufer und Nachfolger, die mit Vorliebe den bunten Wechsel der Abenteuer und die dramatische Ergreifung, Gerichtsverhandlung und Urteilsvollstreckung darstellten, ein didaktisches Ziel, das in der Einleitung ausführlich erläutert wird.

Wie die Medizin durch die Beobachtung des Kranken zu ihren wesentlichsten Erkenntnissen über den menschlichen Organismus komme, könne die „*Seelenlehre*“ durch die Untersuchung des Verbrechers Aufschlüsse über „*die unveränderliche Struktur der menschlichen Seele*“ gewinnen, denn auch der Verbrecher sei „*Mensch … wie wir*“. […]

„Der Verbrecher aus verlorener Ehre“ ist vermutlich eine Novelle ☐ ein Roman ☐

→ Lösungsheft Seite 10

Umgang mit Texten / Medien

5.3.2 Kurzgeschichte, Gleichnis und Parabel

Die **Kurzgeschichte** ist nur von begrenztem Umfang (wenige Seiten), versetzt den Leser **unvermittelt** in das Geschehen, wobei die Handlung schnell und dabei oft **dialogisch** entwickelt wird. Häufig nimmt die Handlung in Kurzgeschichten eine **überraschende Wendung**, ihr Schluss ist **offen**.

Ein **Gleichnis** ist eine **kurze, lehrhafte Erzählung**, in der durch die Geschichte (= **Bildebene**) ein Vergleich mit einem realen Vorgang oder einer Tatsache (= **Sachebene**) gezogen wird. Häufig wird dieser **Vergleichspunkt** formuliert (z. B. *„Das Himmelreich ist einem Sauerteig gleich, den …“*).

Eine **Parabel** ist ebenfalls eine **Gleichniserzählung**, die im Gegensatz zum Gleichnis selbst aber **keinen direkten Vergleichspunkt** benennt und in der die Bildebene in mehreren Punkten auf eine Sachebene übertragbar ist. Der Sinn einer Parabel ist deshalb komplexer und schwieriger zu erschließen. Oft lassen Parabeln auch **verschiedene Deutungen** zu.

(1) **Übung**: Lies dir die Geschichte aufmerksam durch. Handelt es sich dabei um ein Gleichnis oder um eine Parabel? Kreuze an. Begründe anschließend deine Meinung und beziehe dich in deiner Antwort auf die Merkmale der Textsorten. Arbeite im Heft.

Dieser Text ist in alter Rechtschreibung verfasst.

Bertolt Brecht: Maßnahmen gegen die Gewalt

Als Herr Keuner, der Denkende, sich in einem Saale vor vielen gegen die Gewalt aussprach, merkte er, wie die Leute vor ihm zurückwichen und weggingen. Er blickte sich um und sah hinter sich stehen – die Gewalt.

„Was sagtest du?“ fragte ihn die Gewalt.

„Ich sprach mich für die Gewalt aus“, antwortete Herr Keuner.

Als Herr Keuner weggegangen war, fragten ihn seine Schüler nach seinem Rückgrat. Herr Keuner antwortete: „Ich habe kein Rückgrat zum Zerschlagen. Gerade ich muß länger leben als die Gewalt.“

Und Herr Keuner erzählte folgende Geschichte:

In die Wohnung des Herrn Egge, der gelernt hatte, nein zu sagen, kam eines Tages in der Zeit der Illegalität ein Agent, der zeigte einen Schein vor, welcher ausgestellt war im Namen derer, die die Stadt beherrschten, und auf dem stand, daß ihm gehören soll jede Wohnung, in die er seinen Fuß setzte; ebenso sollte ihm auch jeder Mann dienen, den er sähe.

Der Agent setzte sich in einen Stuhl, verlangte Essen, wusch sich, legte sich nieder und fragte mit dem Gesicht zur Wand vor dem Einschlafen: „Wirst du mir dienen?“

Herr Egge deckte ihn mit der Decke zu, vertrieb die Fliegen, bewachte seinen Schlaf, und wie an diesem Tage gehorchte er ihm sieben Jahre lang. Aber was immer er für ihn tat, eines zu tun hütete er sich wohl: das war, ein Wort zu sagen.

Als nun die sieben Jahre herum waren und der Agent dick geworden war vom vielen Essen, Schlafen und Befehlen, starb der Agent. Da wickelte ihn Herr Egge in die verdorbene Decke, schleifte ihn aus dem Haus, wusch das Lager, tünchte die Wände, atmete auf und antwortete:

„Nein.“

→ Lösungsheft Seite 10

„Maßnahmen gegen die Gewalt“ ist ☐ ein Gleichnis ☐ eine Parabel

(2) **Übung**: Lies dir noch einmal die Geschichte „Vielleicht hat sie ein rosa Hemd" auf Seite 75 f. durch und überprüfe, ob sie die typischen Merkmale von Kurzgeschichten erfüllt. Schreibe die Ergebnisse deiner Überprüfung in dein Heft.

5.4 Ein Gedicht analysieren und interpretieren

5.4.1 Gestaltungsmittel in Gedichten

(1) Schreibe die Begriffe bzw. Beispiele an die richtige Stelle des Merkekastens.

Paarreim | Jambus | „goldene Strahlen des Himmels" | Kreuzreim

Daktylus | „die Blumen tanzen im Wind" | „stark wie ein Bär"

Den **formalen Aufbau eines Gedichtes** kannst du nach folgenden Gesichtspunkten beschreiben:
- Zahl der **Strophen und Verse**
- **Reimart**, z. B. ____________ (aabb), ____________ (abab), umarmender Reim (abba)
- **Metrum**, z. B. ____________ (unbetont, betont), Trochäus (betont, unbetont), ____________ (betont, unbetont, unbetont), Anapäst (unbetont, unbetont, betont)

Einen ersten Zugang zum Inhalt eines Gedichtes eröffnet dir die Untersuchung der im Gedicht vorkommenden **Sprachbilder**:
- **Vergleich** (verknüpft zwei Bedeutungsbereiche durch eine gemeinsame Eigenschaft, z. B. ______________________________)
- **Metapher** (von griech. *metaphorein* „übertragen", Verbindung zweier Bedeutungsbereiche, z. B. ______________________________)
- **Personifikation** (Vermenschlichung, d. h. Dingen werden menschliche Eigenschaften oder Handlungen zugesprochen, z. B. ______________________________).

→ Lösungsheft Seite 10

(2) **Übung**: Beschreibe den formalen Aufbau des Gedichtes.

Clemens Brentano: Abendständchen

Hör, es klagt die Flöte wieder,
und die kühlen Brunnen rauschen!
Golden wehn die Töne nieder –
stille, stille, lass uns lauschen!

Holdes Bitten, mild Verlangen,
wie es süß zum Herzen spricht!
Durch die Nacht, die mich umfangen,
blickt zu mir der Töne Licht.

____

____

____

____

→ Lösungsheft Seite 10

③ **Übung**: Welches der drei Sprachbilder kommt nicht in dem Gedicht vor? Kreuze es an. Nenne anschließend jeweils zwei Beispiele aus dem Gedicht für die beiden anderen Bildarten.

Vergleich ☐ Metapher ☐ Personifikation ☐

→ Lösungsheft Seite 11

Neben der Untersuchung der Sprachbilder kannst du alle weiteren sprachlichen Auffälligkeiten in Gedichten beschreiben. Dies betrifft im weitesten Sinne alle **Merkmale der Grammatik bzw. Sprachverwendung** (wie Wortwahl, Satzbau usw.), im engeren Sinne die so genannten rhetorischen oder stilistischen Figuren. **Rhetorische Figuren** nennt man charakteristische Sprachverwendungen, die in der Rede- und Sprachkunst seit der Antike immer wieder verwendet wurden.
Wichtige rhetorische Figuren sind:

- **Lautmalerei** (= Onomatopöie: schallnachahmende Wörter oder Fügungen, z. B. *kikeriki, blubbern*)
- **Alliteration** (Wiederholung eines Anfangslautes, z. B. *Milch macht müde Männer munter!*)
- **Anapher** (Wiederholung eines Wortes oder einer Wortgruppe am Vers- oder Satzanfang, z. B. „*Wer nicht? Was nicht?*", *die Frau fragt gleich, /* „*Was stierst du so an? Was wirst du so bleich?*")
- **Ellipse** (Auslassung des Unwichtigen, zugleich ein grammatisch unvollständiger Satz, z. B. „*Vorbei!*" *statt* „*Es ist vorbei!*")
- **Parallelismus** (Wiederholung gleicher Satzbaumuster, z. B. „*Das Wasser rauscht, das Wasser schwoll …*")
- **Chiasmus** (nach der Form des griechischen Buchstabens „X (= Chi)": Überkreuzstellung von Sinneinheiten, z. B. „*Der Einsatz war groß, klein war der Gewinn.*")

④ Lies dir zunächst das Gedicht durch. Zeichne anschließend in die beiden Wortvierecke mit Pfeilen ein, wie die Wörter jeweils miteinander zusammenhängen. Eines der beiden Vierecke zeigt einen Parallelismus, das andere einen Chiasmus. Kreuze an, um welche Figur es sich jeweils handelt.

Conrad Ferdinand Meyer: Zwei Segel

Zwei Segel erhellend
Die tiefblaue Bucht!
Zwei Segel sich schwellend
Zu ruhiger Flucht!

Wie eins in den Winden
Sich wölbt und bewegt,
Wird auch das Empfinden
Des andern erregt.

Begehrt eins zu hasten,
Das andre geht schnell,
Verlangt eins zu rasten,
Ruht auch sein Gesell.

a)	„eins“ (Z. 9)	„hasten“ (Z. 9)	=	☐ Parallelismus
	„andre“ (Z. 10)	„geht schnell“ (Z. 10)		☐ Chiasmus

b)	„eins“ (Z. 11)	„rasten“ (Z. 11)	=	☐ Parallelismus
	„Ruht“ (Z. 12)	„Gesell“ (Z. 12)		☐ Chiasmus

→ Lösungsheft Seite 11

(5) **Übung**: Auch in der zweiten Strophe setzt der Autor eine rhetorische Figur ein. Welche? Benenne die Figur und hebe sie durch Unterstreichen im Text hervor. Achte dabei besonders auf die Konsonanten.

rhetorische Figur der zweiten Strophe: ____________________

→ Lösungsheft Seite 11

(6) **Übung**: Lies dir noch einmal die erste Strophe durch. Welche grammatische Auffälligkeit findet sich? Beschreibe sie.

____

____

____

____

→ Lösungsheft Seite 11

(7) **Übung**: Lies dir nun noch einmal das ganze Gedicht durch. Beschreibe strophenweise, welche Wirkung die von dir in den Aufgaben (4) bis (6) erarbeiteten sprachlichen bzw. rhetorischen Merkmale haben, und wie sie den Inhalt jeweils unterstreichen.

Strophe 1: ____________________

____

____

____

Strophe 2: ____________________

____

____

____

Strophe 3: ____________________

____

____

____

→ Lösungsheft Seite 11

Umgang mit Texten / Medien

5.4.2. Eine Gedichtinterpretation schreiben

Wenn du ein **Gedicht schriftlich interpretierst**, muss deine Arbeit deutlich in drei Teile gegliedert sein:

- **Einleitung:** Du nennst den Autor/die Autorin des Gedichtes, den Titel, die Gedichtform (z. B. Sonett, Ballade) sowie das Entstehungsjahr (falls bekannt) und fasst das Thema des Gedichtes kurz zusammen (auch als Sinnvermutung).
- **Hauptteil:** Du fasst den Inhalt des Gedichtes zusammen und beschreibst den formalen Aufbau (Zahl der Strophen und Verse, Reimschema, Taktschema). Anschließend beschreibst du mit Blick auf den Inhalt und deine Sinnvermutung strophenweise die Sprache des Gedichtes (samt der rhetorischen Figuren und ggf. des Rhythmus).
- **Schluss:** Du fasst deine Deutung zusammen und bewertest das Gedicht (wie dir das Gedicht gefallen hat und warum).

① **Übung**: Verfasse eine Gedichtinterpretation zum Gedicht „Zwei Segel" von Conrad Ferdinand Meyer. Arbeite im Heft.

5.5 Gestaltungsmittel im Drama erkennen

Dramatische oder szenische Texte bestehen hauptsächlich aus **Figurenrede.** In den (meist kursiv gedruckten) **Regieanweisungen** werden wichtige Angaben zur Spielweise und den Schauplätzen gegeben.
Formal besteht ein Drama dabei aus **Akten** (größeren Handlungseinheiten, auch „Aufzüge" genannt) und **Szenen** (Handlungseinheiten eines Aktes, auch „Auftritte" genannt, da ein Figurenwechsel auf der Bühne, und damit ein neuer „Auftritt", häufig eine neue Szene einleitet). Manche Theaterstücke enthalten zusätzlich einen Prolog (= Vorspiel vor der eigentlichen Handlung) und/oder einen Epilog (= Nachspiel zur eigentlichen Handlung).

Klassische Dramen sind in der Regel in **fünf Akte** eingeteilt, wobei jeder Akt eine bestimmte Funktion hat:

- **1. Akt – Exposition:** Die Exposition ist dem Erzählsetting in Erzählungen vergleichbar. Hier bekommt der Zuschauer alle Angaben über die Figuren, den Ort und die Zeit der Handlung, die Vorgeschichte sowie die Ausgangssituation (der dramatische Konflikt als Handlungsauslöser und -zentrum des Dramas wird angedeutet).
- **2. Akt – Steigerung:** Der dramatische Konflikt wird entwickelt und zunehmend in seiner ganzen Bedeutung erkennbar.
- **3. Akt – Höhe- oder Wendepunkt:** Die dramatische Situation erreicht ihren Höhepunkt (= maximaler Punkt der Spannung), zugleich wird eine mögliche Lösung des Konfliktes angedeutet (= Umschlag der Handlung).
- **4. Akt – retardierendes Moment:** Hier wird die endgültige Lösung bewusst verzögert (= retardiert); oft erweist sich dabei die im 3. Akt angedeutete Lösung als nicht möglich.
- **5. Akt – Katastrophe:** Die Handlung bekommt eine neue Wendung, die zur Lösung des Konfliktes führt. In Tragödien kommt es zur Katastrophe, in Komödien nimmt die Handlung einen glücklichen Ausgang.

① **Übung**: Lies dir die Auszüge aus dem I. Akt, 1. Szene von Friedrich Schillers Trauerspiel „Kabale und Liebe" durch und mache dir klar, worin der dramatische Konflikt des Stückes bestehen könnte. Fasse deine Überlegungen kurz zusammen und begründe sie. Arbeite im Heft.

Friedrich Schiller: Kabale und Liebe (I. Akt, 1. Szene)

Zimmer beim Musikus.
MILLER steht eben vom Sessel auf, und stellt sein Violoncell auf die Seite. An einem Tisch sitzt FRAU MILLER noch im Nachtgewand und trinkt ihren Kaffee.

MILLER *(schnell auf und ab gehend)* Einmal für allemal. Der Handel wird ernsthaft. Meine Tochter kommt mit dem Baron ins Geschrei. Mein Haus wird verrufen. Der Präsident bekommt Wind, und – kurz und gut, ich biete dem Junker aus.

FRAU Du hast ihn nicht in dein Haus geschwatzt – hast ihm deine Tochter nicht nachgeworfen.

MILLER Hab ihn nicht in mein Haus geschwatzt – hab ihm's Mädel nicht nachgeworfen; wer nimmt Notiz davon? – Ich war Herr im Haus. Ich hätt meine Tochter mehr koram[1] nehmen sollen. Ich hätt dem Major besser auftrumpfen sollen – oder hätt gleich alles Seiner Exzellenz, dem Herrn Papa stecken sollen. Der junge Baron bringt's mit einem Wischer hinaus[2], das muss ich wissen, und alles Wetter kommt über den Geiger.

FRAU *(schlürft eine Tasse aus)* Possen! Geschwätz! Was kann über dich kommen? Wer kann dir was anhaben? Du gehst deiner Profession nach und raffst Scholaren[3] zusammen, wo sie zu kriegen sind.

MILLER Aber, sag mir doch, was wird bei dem ganzen Kommerz auch herauskommen? – Nehmen kann er das Mädel nicht […]

FRAU Solltest nur die wunderhübschen Billetter auch lesen, die der gnädige Herr an deine Tochter als schreiben tut. Guter Gott! Da sieht man's ja sonnenklar, wie es ihm pur um ihre schöne Seele zu tun ist.

MILLER Das ist die rechte Höhe. Auf den Sack schlagt man; den Esel meint man. Wer einen Gruß an das liebe Fleisch zu bestellen hat, darf nur das gute Herz Boten gehen lassen. […]

FRAU Sei artig, Miller. Wie manchen schönen Groschen haben uns nur die Präsenter[4] – –

MILLER *(kommt zurück und bleibt vor ihr stehen)* Das Blutgeld meiner Tochter? – Schier dich zum Satan, infame Kupplerin! – Eh will ich mit meiner Geig auf den Bettel herumziehen, und das Konzert um was Warmes geben – eh will ich mein Violoncello zerschlagen, und Mist im Sonanzboden führen, eh ich mir's schmecken lass von dem Geld, das mein einziges Kind mit Seel und Seligkeit abverdient. – Stell den vermaledeiten Kaffee ein, und das Tobakschnupfen, so brauchst du deiner Tochter Gesicht nicht zu Markt treiben. Ich hab mich sattgefressen und immer ein gutes Hemd auf dem Leib gehabt, eh so ein verdreckter Tausendsassa in meine Stube geschmeckt hat.

FRAU Nur nicht gleich mit der Tür ins Haus. Wie du doch den Augenblick in Feuer und Flamme stehst! Ich sprech ja nur, man müss den Herrn Major nicht disguschtüren[5], weil Sie des Präsidenten Sohn sind.

MILLER Da liegt der Has im Pfeffer. Darum, just eben darum, muss die Sach noch heut auseinander! Der Präsident muss es mir Dank wissen, wenn er ein rechtschaffener Vater ist. Du wirst mir meinen roten plüschenen Rock ausbürsten, und ich werde mich bei Seiner Exzellenz anmelden lassen. Ich werde sprechen zu Seiner Exzellenz: Dero Herr Sohn haben ein Aug auf meine Tochter; meine Tochter ist zu schlecht zu Dero Herrn Sohnes Frau, aber zu Dero Herrn Sohnes Hure ist meine Tochter zu kostbar, und damit basta! – Ich heiße M i l l e r.

[1] hier: sich jmd. vornehmen

[2] gemeint ist: kommt mit einem Verweis davon

[3] hier: Musikschüler

[4] Geschenke

[5] Verballhornung von „disgustieren", hier: jmd. vor den Kopf stoßen

→ Lösungsheft Seite 11

Umgang mit Texten / Medien

(2) **Übung**: In diesem Auszug aus einem Literaturlexikon findest du die Handlung von „Kabale und Liebe" in aller Kürze zusammengefasst. Welche Handlungsschritte gehören zu welchem Akt? Schreibe die Aktzahl dort neben den Text, wo deiner Meinung nach ein neuer Akt beginnt.

Kabale und Liebe – Was passiert?	Akt
Ferdinand, der Sohn des Präsidenten von Walter, liebt Luise, die Tochter des Musikus Miller.	I
Beide Väter sind gegen diese unstandesgemäße Verbindung.	
Der Präsident versucht, der skandalösen Heirat durch eine Vermählung des Sohnes mit Lady Milford, der Mätresse des Fürsten, zuvorzukommen.	
Doch scheitert dieser auch für ihn vorteilhafte Plan am entschiedenen Widerstand Ferdinands.	
Die zweite Intrige fädelt Wurm, der Sekretär des Präsidenten, ein.	
Er will die Liebe durch Eifersucht vernichten.	
Das Infame seiner Briefintrige ist, dass er das Opfer selbst zum Werkzeug macht.	
Die durch die Verhaftung ihrer Eltern eingeschüchterte Luise muss nach Wurms Diktat selbst einen inkriminierenden[1] Brief an den Hofmarschall von Kalb schreiben und Schweigen geloben.	
Diese Berechnung rationaler Psychologie geht auf, Ferdinand rast vor Eifersucht und vergiftet die Geliebte und sich selbst.	

[1] sich beschuldigen

Szenenbilder von der Aufführung „Kabale und Liebe" des Maxim Gorki Theaters Berlin, Premiere 24.05.2007

Luise, Ferdinand und Lady Milford

Luise und Ferdinand

Hofmarschall von Kalb und Ferdinand

Präsident von Walter, Ferdinand und Luise

→ Lösungsheft Seite 11

6 Umgang mit Sachtexten

6.1 Anforderungsbereiche unterscheiden

Mündliche, vor allem aber schriftliche Aufgaben orientieren sich häufig an den folgenden drei Anforderungsbereichen:

- **Anforderungsbereich 1** (geringe Schwierigkeit): Es geht darum, dass du Textinhalte wiedergeben musst (Operatoren: *wiedergeben, (be)nennen, beschreiben, zusammenfassen, darstellen*).
- **Anforderungsbereich 2** (mittlere Schwierigkeit): Du musst Textinhalte gedanklich neu anordnen, Beziehungen zwischen Textaussagen herstellen und deren Zusammenhänge erfassen (Operatoren: *erklären, (ein)ordnen, erschließen, vergleichen, in Beziehung setzen*).
- **Anforderungsbereich 3** (hohe Schwierigkeit): Bei diesen Aufgaben ist es notwendig, dass du den Text nicht nur vollständig erfasst hast, sondern ihn auch hinterfragen oder bewerten kannst (Operatoren: *prüfen, Schlussfolgerungen ziehen, begründen, Stellung nehmen, beurteilen, bewerten*).

(1) Ordne die Operatoren der drei Anforderungsbereiche den richtigen Beschreibungen zu.

(be)nennen – zusammenfassen – darstellen

Anforderungsbereich 1: Beschreibung	Operator
Du gibst Textaussagen in eigenen Worten wieder, wobei du dich an die Reihenfolge im Text halten kannst.	beschreiben
Du reduzierst den gesamten Textinhalt auf seine wesentlichen Aussagen und schreibst diese auf.	
Du gibst einen bestimmten inhaltlichen Aspekt des Textes (zum Beispiel eine Argumentation oder eine längere Erklärung) wieder.	
Du suchst eine Einzelinformation im Text und schreibst sie auf.	

erschließen – erklären – vergleichen – in Beziehung setzen

Anforderungsbereich 2: Beschreibung	Operator
Du machst einen Sachverhalt verständlich, indem du verschiedene Informationen aus den Materialien zusammenstellst bzw. auf eigene Erfahrungen zurückgreifst.	
Du untersuchst den Text unter einem vorgegebenen Gesichtspunkt und ermittelst die zu dem Gesichtspunkt passenden Textinhalte.	
Du untersuchst zwei Textaussagen auf Gemeinsamkeiten und Unterschiede und stellst diese dar.	
Du untersuchst verschiedene Textaussagen unter einem vorgegebenen Gesichtspunkt und überprüfst, welcher Zusammenhang zwischen den Textaussagen und dem vorgegebenen Gesichtspunkt bestehen.	

→ Lösungsheft Seite 11

Umgang mit Texten / Medien

Schlussfolgerungen ziehen – begründen – Stellung nehmen – prüfen

Anforderungsbereich 3: Beschreibung	Operator
Du klärst, ob eine Aussage sich aus dem Text bzw. den Materialien heraus als richtig oder falsch erweist; dazu musst du zunächst die entsprechenden Informationen aus den Materialien zusammenstellen.	
Du äußerst zu einem bestimmten Gesichtspunkt deine Meinung und begründest sie; dabei beziehst du dich auf die Aussagen in den Materialien, die diesen Gesichtspunkt betreffen.	
Du hast den Textinhalt und seine Aussagen vollständig erfasst und leitest daraus weiterführende Aussagen ab; dabei kannst du auch deine eigenen Erfahrungen und dein Wissen einfließen lassen.	
Du sollst Schlussfolgerungen oder Aussagen, die sich aus einem Text ergeben, durch Argumente stützen und durch Beispiele belegen.	

→ Lösungsheft Seite 11

6.2 Textanalyseaufgaben bearbeiten

(1) **Übung**: Lies dir den Ausschnitt aus dem Zeitungsbereicht genau durch und fasse ihn in wenigen Sätzen zusammen.

Handys können Krebs auslösen

Der langjährige, intensive Gebrauch von Mobiltelefonen fördert womöglich das Wachstum von bösartigen Hirntumoren

Von Christopher Schrader

Bisweilen ist der Fortschritt der Wissenschaft einfach frustrierend langsam – etwa so wie der Endspurt in einem Schneckenrennen. Das gilt besonders für die Beobachter, die von den Forschern das Urteil über eine vermutete Gesundheitsgefahr erwarten, zum Beispiel über die Frage, ob das Telefonieren mit Handys einen Gehirntumor auslösen oder begünstigen kann.

Lange Zeit hatten sich die meisten führenden Wissenschaftler und Behörden wie das Deutsche Bundesamt für Strahlenschutz auf folgende Sprachregelung verlegt: Es gibt Hinweise, aber keine Beweise, dass der Mobilfunk der Gesundheit schadet. Es wäre deswegen klüger, die Geräte mit Bedacht zu benutzen und bei Kindern besonders zurückhaltend zu sein.

Doch in letzter Zeit sind in nordeuropäischen Ländern einige Studien erschienen, bei denen sich die Hinweise wenn nicht zum Beweis, so doch zum Verdacht verdichten. Sie zeigen eine Zunahme der Hirntumoren bei Menschen, die seit mindestens zehn Jahren Handys benutzen oder viel damit telefoniert haben. Und dann vor allem auf der Seite des Kopfes, an den die Patienten das Mobiltelefon ihrer Erinnerung nach meist gehalten haben.

In der jüngsten Untersuchung, die vor wenigen Tagen erschienen ist, hat Anna Lahkola von der finnischen Strahlenschutzkommission mit Kollegen aus Schweden, Dänemark, Norwegen und Großbritannien gut 1.500 Patienten mit einem Gliom, einem bösartigen Tumor

des Stützgewebes im Hirn, befragt. Wenn sie länger als zehn Jahre ein Handy benutzt hatten, war ihr Risiko eines Glioms auf der Seite, wo sie das Gerät normalerweise an den Kopf hielten, um 39 Prozent erhöht.

Der Schwede Lennart Hardell vom Universitätshospital Örebo hatte bei Menschen, die eines der aktuellen digitalen Handys insgesamt mehr als 2000 Stunden benutzt haben, sogar eine Zunahme des Risikos auf das 3,7-Fache ermittelt. Auch analoge Handys und Schnurlostelefone nach dem DECT-Standard erhöhen seinen Zahlen zufolge die Gefahr.

Britische und deutsche sowie schwedische Zahlen für einen anderen Tumor deuten auch in diese Richtung.

Epidemiologen wie Eberhard Greiser, ehemals Leiter des Bremer Instituts für Präventionsforschung und Sozialmedizin, findet zumindest den Mechanismus plausibel: „Biologisch macht es Sinn, dass die Effekte erst nach zehn Jahren zu erkennen sind. Tumoren brauchen lange, bis sie sich entwickeln.“ Dem stimmt Otto Petrowicz zu, der an der TU München die Forschung zum Thema Handy und Gesundheit koordiniert: „Auch beim Asbest, bei der radioaktiven Strahlung und beim Tabak hat die Forschung so lange gebraucht, um das Risiko zu erfassen. Aber beim Tabak zum Beispiel ist es etwa 50-mal so wahrscheinlich, dass ein Raucher und kein Nichtraucher Lungenkrebs bekommt.“ Lawrie Challis, Leiter der britischen Handy-Gesundheitsforschung, schließlich sagte auf die Frage zweier Reporterinnen der Londoner Times, ob Handys die Zigaretten des 21. Jahrhundert seien: „Sicherlich.“

Die kurze Antwort entspricht nicht nur dem britischen Understatement, sondern vor allem der Vorsicht, mit der alle seriösen Wissenschaftler ihre Aussagen formulieren. Denn die Studien, aus denen die Zahlen stammen, haben ungezählte mögliche Fehlerquellen. Ihre Grundidee ist jeweils, Patienten mit einem Hirntumor mit gesunden Personen gleichen Alters, gleichen Geschlechts und ähnlicher Herkunft zu vergleichen; die Wissenschaft nennt das Fall-Kontroll-Studien.

Unterscheiden sich die beiden Gruppen nur im Gebrauch eines Handys, könnte das Gerät die Krankheit ausgelöst oder begünstigt haben, so die Logik. Die Forscher drücken das als Quotient aus: 1,39 bedeutet, dass das Risiko um 39 Prozent erhöht ist. Doch die Fehlerquellen beginnen schon damit, dass es nicht so viele Menschen gibt, die schon über zehn Jahre ein Handy benutzen. Außerdem müssen sich die Forscher darauf verlassen, dass sich alle Teilnehmer, Patienten wie Kontrollpersonen, gleich gut an ihr Telefonverhalten in den vergangenen Jahren erinnern. […]

Süddeutsche Zeitung online vom 30. 1. 2007

Meine Zusammenfassung: ______________________________

____

____

____

____

____

→ Lösungsheft Seite 11

② **Übung**: Beschreibe, was man unter „Fall-Kontroll-Studien“ versteht.

____

____

____

____

____

→ Lösungsheft Seite 11

③ **Übung**: Erläutere, wie das Deutsche Bundesamt für Strahlenschutz die Gefährlichkeit von Handys einschätzt.

____

____

____

____

____

____

→ Lösungsheft Seite 11

④ **Übung**: Lassen deiner Meinung nach die Fakten den Schluss zu, dass Handys tatsächlich krebsauslösend sind? Begründe deine Meinung.

____

____

____

____

____

____

→ Lösungsheft Seite 11

Die Operatoren **„analysieren“** und **„interpretieren“** umfassen alle drei Anforderungsbereiche. Eine Textanalyse oder -interpretation besteht dabei in der Regel aus mehreren Teilaufgaben. Von dir wird erwartet, dass du alle Teilaufgaben in einem zusammenhängenden Text mit Einleitung, Hauptteil und Schluss bearbeitest.

⑤ **Übung**: Bearbeite die Analyseaufgabe schriftlich in deinem Heft.
Du kannst dabei auf deine Arbeitsergebnisse zum Text „Handys können Krebs auslösen“ zurückgreifen.

Analysiere den Text „Handys können Krebs auslösen“ von Christopher Schrader:
- **Fasse** den Textinhalt kurz **zusammen** und **benenne** die zentrale Problematik.
- **Stelle dar**, welche Hinweise neuere wissenschaftliche Studien liefern und wie diese Studien zu bewerten sind.
- **Nimm Stellung** zur Frage, ob aufgrund der Faktenlage der Schluss, dass Handys krebsauslösend sind (vgl. die Überschrift), gerechtfertigt ist und **begründe** deine Meinung.

→ Lösungsheft Seite 11

7 Umgang mit Medien

7.1 Diagramme für einen Vortrag erstellen

Das **Erstellen von** eigenen **Diagrammen** ist mithilfe von Programmen wie „Microsoft Excel“ relativ einfach:

- **Schritt 1**: Wenn du „Microsoft Excel“ geöffnet hast, erscheint eine leere Tabelle, in der du die Daten, die du als Diagramm darstellen willst, erfasst.
- **Schritt 2**: Du markierst die beschriebenen Felder und wählst in der Menüleiste aus dem Menü „Einfügen“ den Punkt „Diagramm“: Es erscheint der „Diagramm-Assistent“. Wähle eine passende Darstellungsform und klicke auf „Weiter“ (es zeigt sich eine Vorschau auf dein Diagramm, die du mit „Weiter“ bestätigen kannst).
- **Schritt 3**: Nun siehst du die Maske „Diagrammoptionen“, in der du den Titel deines Diagramms (im ersten Schreibfeld links oben) eingeben kannst; bestätige deinen Titel mit „Weiter“.
- **Schritt 4**: In der Maske „Diagrammplatzierung“ kannst du nun entscheiden, ob du das Diagramm in die Tabelle einfügen oder auf einem extra Blatt haben möchtest.

① Kreuze bei jeder Maske an, welchem Schritt der Diagrammerstellung sie entspricht.

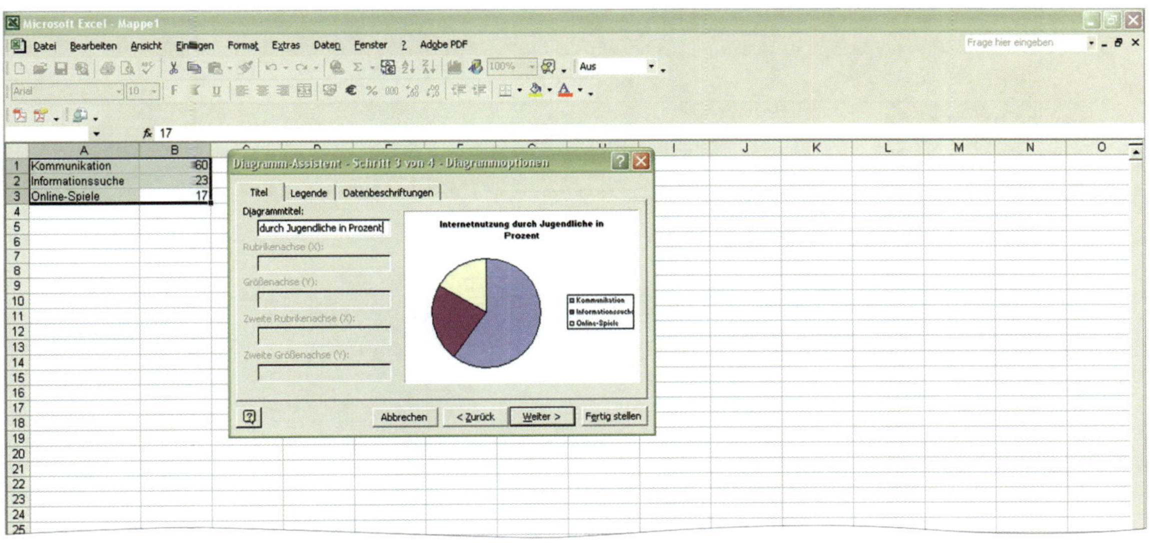

Schritt 1 ☐   Schritt 2 ☐   Schritt 3 ☐   Schritt 4 ☐

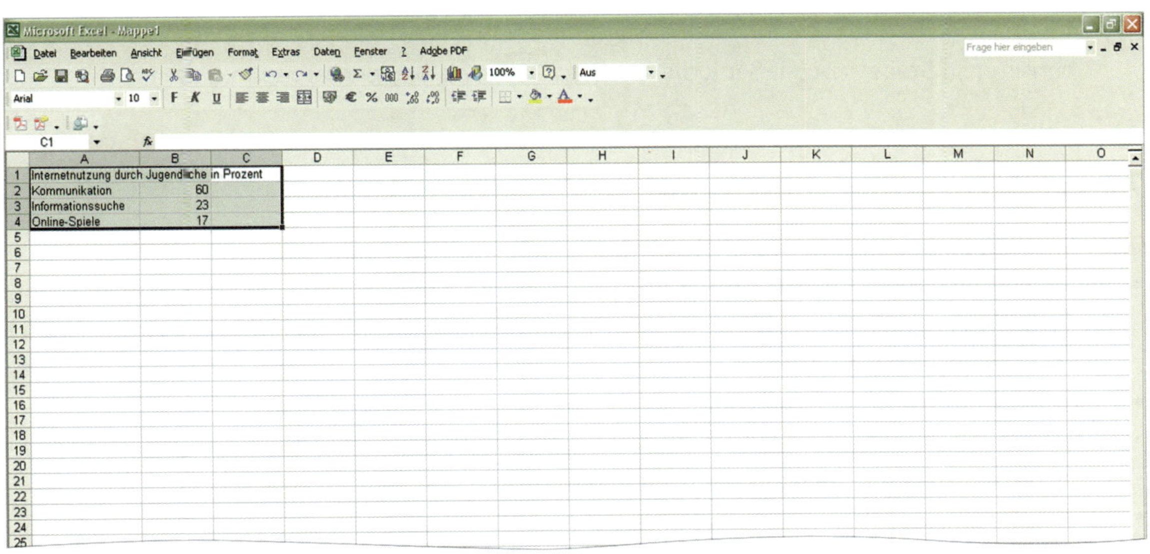

Schritt 1 ☐   Schritt 2 ☐   Schritt 3 ☐   Schritt 4 ☐

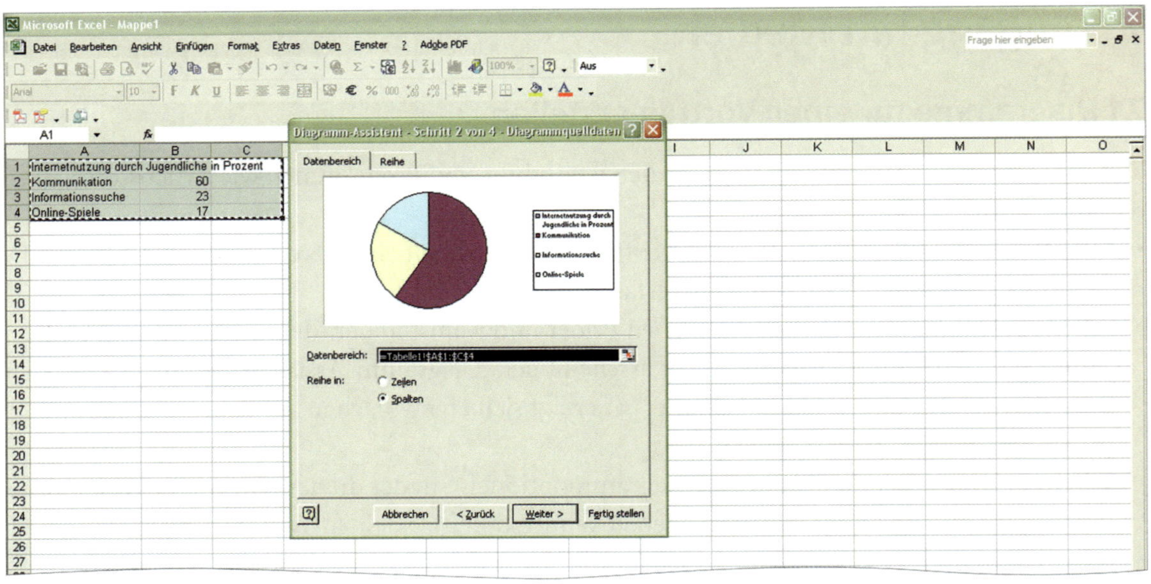

Schritt 1 ☐ Schritt 2 ☐ Schritt 3 ☐ Schritt 4 ☐

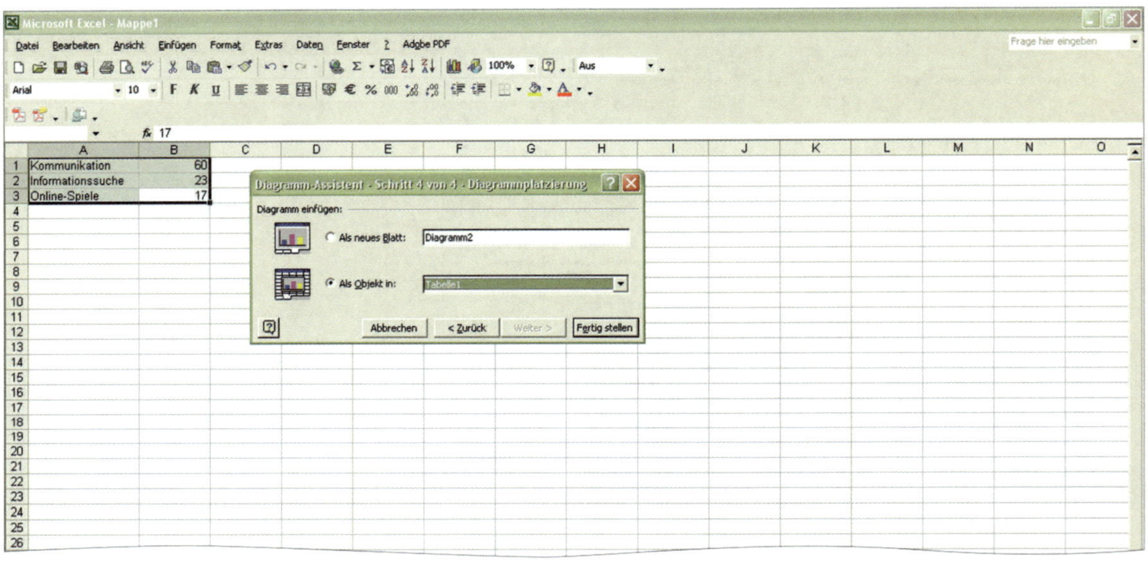

→ Lösungsheft Seite 12

Schritt 1 ☐ Schritt 2 ☐ Schritt 3 ☐ Schritt 4 ☐

(2) **Übung**: Probiere das Erstellen eines Diagramms selbst aus, indem du die Daten aus Bild 2 übernimmst. Stelle anschließend die gleichen Daten als Säulendiagramm dar.

7.2 Ein Präsentationsprogramm für Vorträge nutzen

Bevor du Folien mithilfe von „PowerPoint“ anlegst, solltest du dir Folgendes überlegen:

- **Folien sollten deinen Vortrag immer nur unterstützen.** Du legst deine Folien also nicht so an, dass du sie im Vortrag selbst nur abliest. Prüfe kritisch, welche Folien du aus welchem Grund brauchst. Für die **Gestaltung der Folien** selbst gilt:
- Halte auf ihnen nur die Kernaussagen deines Vortrags stichwortartig fest.
- Gestalte sie übersichtlich und überlade deine Folien nicht mit Text- oder Bildmaterialien.
- Achte darauf, dass sie (auch aus der letzten Reihe) gut lesbar sind.
- Verwende für deine Folien ein einheitliches Design.
- Setze die Effekte, die „PowerPoint“ anbietet, sparsam ein (sie sollen die Aufmerksamkeit sichern und nicht ablenken).

(1) **Übung**: Bewerte die Folie einer Präsentation anhand der Hinweise in der Übersicht: Was könntest du dem Bearbeiter raten? Arbeite im Heft.

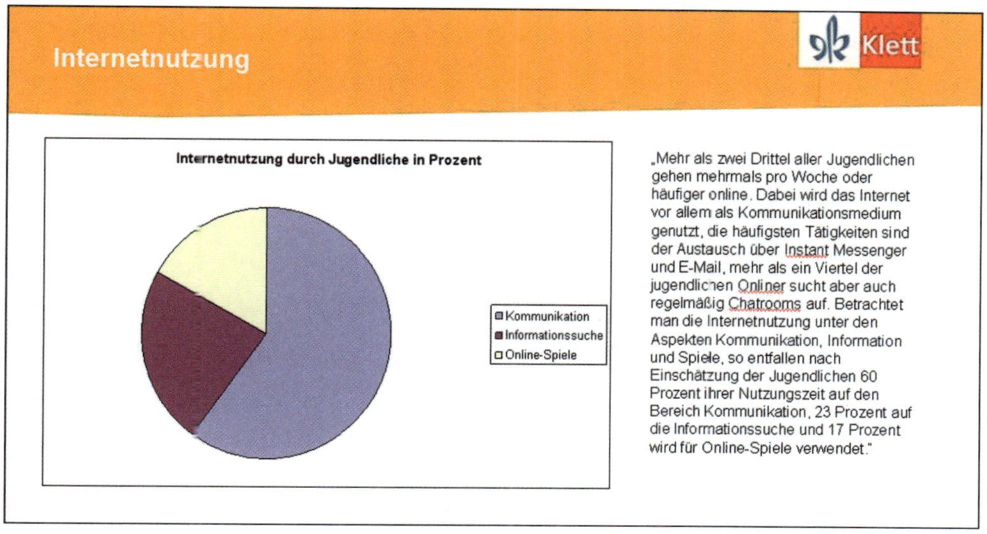

Das **Erstellen von Präsentationsfolien** ist mithilfe von Programmen wie „PowerPoint“ relativ einfach:

- **Schritt 1**: Nachdem du das Präsentationsprogramm geöffnet hast, erscheint eine leere Folie. Wenn du auf „Design“ klickst, kannst du aus verschiedenen Vorlagen wählen, die dann für alle weiteren Folien übernommen werden.
- **Schritt 2:** Gib zunächst den Titel und Untertitel deines Vortrags ein und speichere die Präsentation ab.
- **Schritt 3**: Jetzt kannst du über den Menüpunkt „Einfügen“ deiner Präsentation weitere Folien hinzufügen.
- **Schritt 4**: Wenn du alle Folien, die du brauchst, gefüllt hast, kannst du die Folienübergänge gestalten oder einzelnen Folien Effekte zuweisen. Klicke dazu den Menüpunkt „Bildschirmpräsentationen“ an.

Wenn du die **Präsentation vorführen** willst, dann wählst in der Menüleiste den Punkt „Präsentation vorführen“: Die erste Folie erscheint und mit jeweils einem Mausklick kannst du die übrigen Folien aufrufen. **Tipp:** Am linken unteren Rand jeder Folie gibt es Felder, mit denen du den Vortrag steuern und deine Maus in einen Stift oder Textmarker verwandeln kannst.

(2) **Übung**: Probiere das Erstellen einer Präsentationsfolie selbst aus. Du kannst die Inhalte aus Bild 2 des Merkekastens übernehmen.

→ Lösungsheft Seite 12

7.3 Einen Film analysieren

Bei Filmen kann man nicht nur die in ihnen erzählte Geschichte untersuchen und beschreiben, sondern auch ihre technische Machart:

Mise en scène (sprich: miz ã se:n):
Unter der *Mise en scène* versteht man den Bildaufbau, d.h. die räumliche Anordnung der Figuren und Dinge im Bild sowie die Farb- und Lichtgestaltung. Neben der Beschreibung der Bildelemente selbst geht es dabei auch um die Stimmung, die durch ein Bild erzeugt wird.

Montage:
Eine *Montage* ist die Aneinanderreihung einzelner Bilder zu einer Bildfolge. Dabei ist nicht nur die bloße Abfolge wichtig, sondern auch, wie lange die einzelnen Bilder jeweils zu sehen sind.
Zu den wichtigsten Montageformen gehören:
- **erzählende Montage**: Die Bildfolge erzählt eine Handlung und wird dabei nicht von anderen Handlungen unterbrochen.
- **Parallelmontage**: Zwei getrennte Handlungen, die inhaltlich zueinander passen, werden abwechselnd hintereinander gezeigt, z.B. Bilder von einem Flüchtenden wechseln sich mit Bildern der Verfolger ab.
- **Schuss-Gegenschuss-Verfahren**: Wird oft bei Gesprächen eingesetzt und zeigt dann abwechselnd die jeweiligen Gesprächspartner.

Kameraeinstellung:
Durch die Kameraeinstellung wird bestimmt, wie viel man von den Personen bzw. Dingen und ihrer Umgebung sieht. Man unterscheidet sieben verschiedene Einstellungsgrößen: Detail, Groß, Nah, Halbnah, Amerikanisch, Halbtotale, Totale.

Kameraperspektive:
Es werden drei Kameraperspektiven unterschieden:
- **Vogelperspektive**: Objekte werden von oben aufgenommen, wodurch man Menschen als Zuschauer schwach oder unterlegen wahrnimmt.
- **Normalsicht**: Die Kamera zeigt die Objekte in Augenhöhe. Bei Figuren kann sich der Zuschauer in dieser Perspektive gut mit ihnen identifizieren.
- **Froschperspektive**: Objekte werden von unten gezeigt. Dadurch können sie für den Zuschauer bedrohlich oder mächtig wirken.

Kamerabewegung:
Man unterscheidet zunächst zwischen **Kameraschwenk** (die Kamera bleibt fest an einem Ort stehen, kann aber einem Objekt, ähnlich der Drehbewegung des Kopfes, hinterher schwenken) und der **Kamerafahrt**, bei der sich die Kamera bewegt:
- **Zufahrt**: Die Kamera bewegt sich auf ein Objekt zu.
- **Rückfahrt**: Die Kamera bewegt sich von einem Objekt weg.
- **Parallelfahrt**: Die Kamera bewegt sich parallel zu den sich bewegenden Objekten.

(1) Sieh dir die Bilder genau an. Lies dir anschließend die Beschreibungstexte durch und ergänze in den Texten wie im Beispiel die richtige Einstellungsgröße (Detail, Groß, Nah, Halbnah, Halbtotale, Totale). Gib anschließend an, zu welchem Bild die Beschreibung passt.

Die Einstellungsgröße Amerikanisch zeigt eine Figur bzw. Figuren von den Knien an aufwärts, sodass Mimik und Gestik immer noch recht gut erkennbar sind, gleichzeitig aber die Umgebung mit erfasst wird (die Figur steht aber noch im Mittelpunkt). – Bild: 3

Die Einstellungsgröße ______________________ zeigt ein Motiv (meist das Gesicht einer Figur) bildfüllend, wodurch man bei Figuren durch die Mimik deren Gedanken und Gefühle besonders gut zeigen kann. – Bild: _____

Die Einstellungsgröße ______________________ zeigt eine Figur bzw. Figuren in gesamter Körpergröße mit der unmittelbaren Umgebung und gibt so einen Gesamteindruck sowohl von der Figur als auch ihrer Umgebung. – Bild: _____

Die Einstellungsgröße ______________________ zeigt eine Figur bzw. Figuren ab Brusthöhe (auch diese Einstellung ermöglicht eine sehr gute Wahrnehmung der Mimik und bezieht gleichzeitig die Gestik mit ein). – Bild: _____

Die Einstellungsgröße ______________________ zeigt eine Figur bzw. Figuren von der Hüfte an aufwärts, sodass Mimik und Gestik gut erkennbar sind (wird meistens benutzt, wenn Figuren miteinander sprechen). – Bild: _____

→ Lösungsheft Seite 12

Die Einstellungsgröße ______________________ zeigt einen kleinen Ausschnitt von einer Figur oder einem Gegenstand (durch diese Einstellung wird der Zuschauer meist auf etwas hingewiesen, dessen Bedeutung sich erst im Laufe des weiteren Films erschließt). – Bild: _____

→ Lösungsheft Seite 12

Die Einstellungsgröße ______________________ gibt eine Übersicht über eine Szene bzw. ein Geschehen. – Bild: _____

(2) Bestimme bei den drei Bildern jeweils die Kameraperspektive.

Bild 1: ______________________________

Bild 2: ______________________________

Bild 3: ______________________________

→ Lösungsheft Seite 12

8 Sprache untersuchen – Grammatik

Nachdenken über Sprache

8.1 Wörter nach Wortarten klassifizieren

Wortarten werden sowohl nach ihren grammatischen Eigenschaften (z.B. ob und wie sie flektierbar sind) als auch nach ihrer Bedeutung (z.B. ob sie Gegenstände oder Eigenschaften von Gegenständen bezeichnen) sowie nach ihrer grammatischen Funktion (z.B. ob sie als Satzglied auftreten können oder nicht) bestimmt.

(1) Ergänze in der Übersicht an allen Stellen die Bezeichnung der jeweils gemeinten Wortart. Die den Wortarten zugeordneten Silben helfen dir dabei. Wenn du die Silben in der Reihenfolge liest, in der die Wortartbezeichnungen eingefügt werden müssen, ergibt sich ein Lösungssatz.

Adjektive – wort	Artikel – be	Konjunktionen – macht	Verben – stimm
Adverbien – ung	Nomen – ge	Präpositionen – leicht	Pronomen – art

(1) ______ bezeichnen und/oder bewerten Eigenschaften, das Verhalten oder den Zustand von Gegenständen, Menschen sowie von Gedachtem und Gefühltem. Sie sind veränderbar (deklinierbar) und sind in flektierter Form bestimmt nach Numerus, Genus und Kasus. Außerdem können sie Vergleichsstufen bilden (Positiv, Komparativ und Superlativ).	(2) ______ verweisen auf etwas zuvor im Text Genanntes und stehen für ein Nomen, einen nominalen Ausdruck oder als Begleiter eines Nomens. Die meisten ______ sind deklinierbar (d.h. in flektierter Form bestimmt nach Numerus, Genus und Kasus) und richten sich hierbei nach ihrem Bezugswort.
(3) ______ sind entweder *bestimmt* oder *unbestimmt* und begleiten Nomen (bzw. Nominalisierungen). Sie sind veränderbar (deklinierbar) und sind in flektierter Form bestimmt nach Numerus, Genus und Kasus.	(4) ______ bezeichnen Handlungen, Vorgänge oder Zustände. Sie sind veränderbar (konjugierbar) und sind in flektierter (finiter) Form bestimmt nach Person, Numerus, Tempus, Handlungsart und Modus.
(5) ______ bestimmen und/oder bewerten Adjektive, Verben, andere ______ oder ganze Sätze. Sie sind nicht veränderbar.	(6) ______ stellen eine Beziehung zwischen der Bedeutung von Wörtern her und bestimmen den Kasus ihres Bezugswortes. Sie sind nicht veränderbar und zählen weder zu den Satzgliedern noch zu den Satzgliedteilen.
(7) ______ bezeichnen Gegenstände, Menschen, Tiere, Pflanzen sowie Gedachtes, Gefühltes und Vorgestelltes. Sie können fest mit einem Artikel verbunden werden, sind veränderbar (deklinierbar) und sind in flektierter Form bestimmt nach Numerus, Genus und Kasus.	(8) ______ verbinden Wörter, Wortgruppen, Satzglieder oder Sätze miteinander. Sie sind nicht veränderbar und zählen weder zu den Satzgliedern noch zu den Satzgliedteilen; es werden u.a. die *nebenordnenden* und *unterordnenden* ______ unterschieden.

Lösungssatz: ______

→ Lösungsheft Seite 12

Nachdenken über Sprache

② **Übung**: Ein Wort in jeder Reihe gehört einer anderen Wortart als die übrigen an. Welches? Schreibe es jeweils heraus.

Wortreihe	nicht hierher passt
langsam – hoffentlich – versehentlich – furchtsam	
gut – sehr – beinahe – anders	
ihm – manche – dies – ein	
das – dass – damit – denn	
mit – von – fast – unter	

→ Lösungsheft Seite 12

③ **Übung**: Schreibe alle Pronomen, Präpositionen und Konjunktionen aus der Anekdote in die Tabelle.

Über den Physiker und Schriftsteller Georg Christoph Lichtenberg (1742–1799) wird folgende Anekdote erzählt:

In einer Abendgesellschaft machte sich jemand über die auffallend großen Ohren von Lichtenberg lustig. Doch Lichtenberg konterte prompt:

„Mag sein, dass meine Ohren für einen Menschen recht groß sind, aber Sie werden einsehen, dass Ihre Ohren für einen Esel reichlich klein sind."

Pronomen	Präpositionen	Konjunktionen

→ Lösungsheft Seite 12

8.2 Wortfamilien bilden

Es gibt verschiedene Möglichkeiten, wie (neue) Wörter gebildet werden können. Die beiden wichtigsten Verfahren sind die Ableitung und die Zusammensetzung.
Bei der **Zusammensetzung** werden zwei oder mehr Wörter zu einer Einheit verbunden. Das jeweils letzte Wort ist dabei das Grundwort, das durch dieses oder die übrigen Wörter bestimmt wird, z. B. *Haus* (= Bestimmungswort) *-tür* (= Grundwort); *Haustür* (= Bestimmungswörter) *-schlüssel* (= Grundwort).
Bei der **Ableitung** werden an einen Wortstamm **Präfixe** (= Vorsilben) und/oder **Suffixe** (= Nachsilben) angehängt, z. B. *Un-ver-ständ-lich-keit* (Präfixe = *Un-*, *ver-*; uffixe = *-lich*, *-keit*).
Das Suffix einer Wortableitung bestimmt dabei die Wortart des abgleitenden Wortes.

Nachdenken über Sprache

(1) Schreibe die Prä- und Suffixe in die richtige Spalte der Tabelle.

lich | ab | ent | isch | bar | sam

heit | zer | keit | ung | vor | schaft

Präfixe	Adjektivsuffixe	Nomensuffixe

→ Lösungsheft Seite 12

(2) Bilde zum Stamm „steh" bzw. „stand" mithilfe von Prä- und Suffixen möglichst viele weitere Ableitungen und trage sie in die Tabelle ein.

Verben	Nomen	Adjektive
stehen, abstehen	Stand, Abstand	verständlich, verständig

→ Lösungsheft Seite 12

Zur **Wortfamilie** eines Wortes zählen alle von ihm durch Prä- und Suffixe abgeleiteten sowie jedes mit dem Wort und seinen Ableitungen neu zusammengesetzten Wörter. Zur Wortfamilie des Wortes „stehen" gehören also nicht nur Wörter wie *abstehen, Stand, verständlich*, sondern auch Wörter wie *Standesamt, Abstandsmessung, Verständnissicherung.*

(3) Ergänze die Wortfamilie zum Stamm „steh" bzw. „stand", indem du zu den Ableitungen aus Aufgabe (2) möglichst viele Zusammensetzungen findest.

Zusammensetzungen: ______________________

____

____

→ Lösungsheft Seite 12

(4) **Übung**: Erstelle eine Wortfamilie zum Stamm „weis-" (weisen).

Verben	Nomen	Adjektive

Zusammensetzungen: ______________________

____

____

→ Lösungsheft Seite 12

Nachdenken über Sprache

8.3 Wortfelder bilden

Unter einem **Wortfeld** versteht man bedeutungsähnliche oder bedeutungsgleiche Wörter derselben Wortart, z. B. „sterben“: *entschlafen, verscheiden, verrecken, abkratzen, abnippeln.* Systematisch erfasst sind Wortfelder in so genannten „Synonym-Wörterbüchern“ oder „Wörterbüchern sinn- und sachverwandter Ausdrücke“. Beim Verfassen eigener Texte helfen dir solche Wörterbücher, den treffendsten Ausdruck zu finden bzw. häufige Wiederholungen zu vermeiden.

→ Lösungsheft Seite 12

(1) **Übung**: Erstelle ein Wortfeld zu „(sehr) gut“.

____

(2) **Übung**: Diese Anekdote von Heinrich von Kleist spielt an einem Regentag. Mit welchen Adjektiven, die sich auf das Wetter beziehen, könntest du die Lücken im Text füllen? Notiere dir zunächst mögliche Wörter und trage anschließend diejenigen Adjektive, die dir am passendsten erscheinen, in die Lücken ein.

____

____

____

→ Lösungsheft Seite 12

Heinrich von Kleist: Anekdote

Ein Kapuziner begleitete einen Schwaben bei ____________ Wetter zum Galgen. Der Verurteilte klagte unterwegs mehrmals zu Gott, dass er, bei so ____________ und ____________ Wetter, einen so sauren Gang tun müsse. Der Kapuziner wollte ihn christlich trösten und sagte: „Du Lump, was klagst du viel, du brauchst doch bloß hinzugehen, ich aber muss, bei diesem ____________ Wetter, wieder zurück, denselben Weg.“

8.4 Wörter in ihrer Bedeutung zueinander anordnen

Wörter mit gleicher Bedeutung wie *Apfelsine* und *Orange*, *super* und *toll* oder *Präposition* und *Verhältniswort* werden **Synonyme** genannt. Vollständig bedeutungsgleiche Wörter gibt es aber nur sehr wenige in einer Sprache. Der Begriff „Synonymie“ wird deshalb auch oft für bedeutungsähnliche Wörter gebraucht, wie sie zum Beispiel in einem Wortfeld vorkommen. Man spricht dann von „partiellen Synonymen“.

(1) Überlege, in welcher Beziehung die partiellen Synonyme vom Grundwort abweichen. Schreibe das Ergebnis deiner Überlegung in Stichwörtern auf.

a) Grundwort: Brötchen – partielle Synonyme: Schrippe, Semmel, Wecken

Abweichung: ______________________________

b) Grundwort: sprechen – partielle Synonyme: lispeln, stottern, nuscheln

Abweichung: ______________________________

c) Grundwort: Geld – partielle Synonyme: Zaster, Knete, Mäuse

Abweichung: ____________________

d) Grundwort: Witwe – partielle Synonyme: Witfrau, Witib (Wittib)

Abweichung: ____________________

e) Grundwort: Doppellaut – partielles Synonym: Diphthong

Abweichung: ____________________

→ Lösungsheft Seite 12

(2) Nenne zu den aufgeführten Wörtern jeweils ein Synonym.

a) Innenstadt: ____________ c) Selbstlaut: ____________

b) Gynäkologe: ____________ d) Trottoir: ____________

→ Lösungsheft Seite 12

Wörter mit entgegengesetzter Bedeutung wie *dick* und *dünn*, *Liebe* und *Hass* usw. werden **Antonyme** genannt.

(3) Schreibe zu jedem Wort sein Antonym auf.

a) schnell: ____________ c) nehmen: ____________

b) öffnen: ____________ d) Tod: ____________

→ Lösungsheft Seite 12

(4) **Übung:** Trage jeweils zwei weitere antonyme Wortpaare in die Tabelle ein

Verben	Nomen	Adjektive

→ Lösungsheft Seite 12

Wörter, die gleich geschrieben und ausgesprochen werden, aber eine andere Bedeutung haben, werden **Homonyme** genannt, z. B. kann „warten" *instand halten, pflegen* und *aushalten, harren,* oder „Mutter" *Frau, die ein Kind geboren hat,* und *Schraubenteil* bedeuten.

(5) Erkläre mithilfe von Stichwörtern, welche Bedeutungen die Wörter haben können.

Kiefer: ____________________

Tor: ____________________

Leiter: ____________________

Tau: ____________________

Bank: ____________________

Schloss: ____________________

→ Lösungsheft Seite 12

Nachdenken über Sprache

⑥ **Übung:** Erkläre, welche sprachliche Eigenschaft sich die beiden folgenden „Wortdefinitionen" zunutze machen.

Tonkünstler: Designer für Keramikwaren

Rockaufschlag: Zusatzgebühr für einen Modetanz

„Definiere" in entsprechender Weise das Wort „Wasserhahn".

Wasserhahn:

→ Lösungsheft Seite 13

⑦ **Übung:** Handelt es sich bei den unterstrichenen Wörtern um Homonyme? Begründe deine Meinung.

Sie rasten mit dem Auto in einen Baum. – Auf der geplanten Wanderung wollen sie mehrmals rasten.

Das Holz begann zu modern. – Ihr Kleid war sehr modern.

→ Lösungsheft Seite 13

Wörter, die andere Wörter mit gleichen Bedeutungsmerkmalen zusammenfassen, nennt man **Hyperonyme** (Oberbegriffe), z. B. ist *Obst* ein Hyperonym zu Wörtern wie *Birne*, *Apfel*, *Banane*. Wörter, mit anderen gemeinsam unter einen Oberbegriff eingeordnet werden können, nennt man **Hyponyme** (Unterbegriffe). Wörter wie *Birne*, *Apfel*, *Banane* usw. sind also Hyponyme zum Begriff *Obst*.

⑧ **Übung:** Trage die entsprechenden Oberbegriffe in die Tabelle ein.

Hyperonym				
Hyponyme	Esel Forelle Huhn Biene	Schlosser Anwalt Lehrer Schreiner	Tanne Fichte Kiefer Lärche	Futur Präteritum Perfekt Plusquamperfekt

→ Lösungsheft Seite 13

Nachdenken über Sprache

⑨ **Übung:** Trage jeweils mindestens fünf Unterbegriffe in die Tabelle ein

Hyperonym	Zeitungen	Zeitschriften	Fernsehsender	Fernsehserien
Hyponyme				

→ Lösungsheft Seite 13

⑩ **Übung:** Welches der Wörter ist der Oberbegriff zu den anderen? Schreibe es heraus.

Artikel, Bericht, Reportage, Journalist, Interview, Leserbrief, Nachrichtenagentur, Pressewesen, Recherche, Pressekonferenz, Zeitungsredaktion, Meldung, Druckerei, Wetterbericht, Pressemitteilung, Nachrichtensprecher, Rundfunk, Dokumentation, Zeitungskiosk

Hyperonym: ______________________________

→ Lösungsheft Seite 13

8.5 Modalverben erkennen und bestimmen

Modalverben sind Verben, die eine Satzaussage verändern (modifizieren) und mit dem Infinitiv eines Vollverbs auftreten: *dürfen, können, sollen, mögen, müssen, wollen.*

Du darfst gehen. = Erlaubnis
Du kannst gehen. ↑
Du sollst gehen. ↓
Du musst gehen. = Anordnung, Befehl

Achtung: Die genannten Modalverben können auch die Rolle eines Vollverbs übernehmen. Sie bilden dann allein das Prädikat und können durch ein bedeutungsverwandtes Vollverb ersetzt werden, z. B. *Ich will* (= Modalverb) *gehen* (= Vollverb). – *Ich will* (= Vollverb) *ein Eis*. – *Ich verlange/fordere/wünsche usw.* (= Vollverb) *ein Eis.*

Nachdenken über Sprache

① Entscheide, ob die unterstrichenen Prädikate in den Sätzen als Modal- oder als Vollverb auftreten. Kreuze die richtige Verwendungsweise an.

	Modalverb	Vollverb
a) Söre kann schon sehr gut Deutsch.	☐	☐
b) Söre mag Deutschland sehr.	☐	☐
c) Söre kann jedes Jahr nach Deutschland kommen.	☐	☐
d) Diesmal möchte Söre nach Berlin fahren.	☐	☐
e) Dort will er einen Sprachkurs besuchen.	☐	☐

→ Lösungsheft Seite 13

Modalverben können wie Vollverben konjugiert werden:

	dürfen	**können**	**mögen**	**müssen**	**sollen**	**wollen**
Präsens	ich darf	ich kann	ich mag	ich muss	ich soll	ich will
Konjunktiv I	ich dürfe	ich könne	ich möge	ich müsse	ich solle	ich wolle
Präteritum	ich durfte	ich konnte	ich mochte	ich musste	ich sollte	ich wollte
Konjunktiv II	ich dürfte	ich könnte	ich möchte	ich müsste	ich sollte	ich wollte

Das **Perfekt** und **Plusquamperfekt** bilden Modalverben mit einer Form von „haben" + Partizip II, z. B. *Söre hat/hatte Deutschland sehr gemocht*. Regiert das Modalverb den Infinitiv eines Vollverbs, steht statt des Partizips mit „ge-" und „-t" des Modalverbs der Infinitiv des Modalverbs, z. B. *Söre hat/hatte in Berlin einen Sprachkurs besuchen wollen*.

② Bestimme die folgenden Verbformen nach Person, Numerus, Tempus und Modus.

a) du konntest: ______________________

b) wir könnten: ______________________

c) er hatte gewollt: ______________________

→ Lösungsheft Seite 13

8.6 Rhetorische Figuren erkennen

Mit dem Begriff **rhetorische Figur** (*rhetorisch* kommt vom griech. Wort für „Redner") bezeichnet man besondere Sprachverwendungsweisen, die schon in der Antike bekannt waren und seither immer wieder verwendet wurden.
Die **sprachlichen Bilder** (wie Metaphern oder Personifikationen) gehören auch zu den rhetorischen Figuren, werden aber oft gesondert behandelt, weil in diesen Bildern die Wörter nicht in ihrer ursprünglichen Bedeutung gebraucht werden (z. B. „Tischbein": Tische haben nicht im selben Sinne „Beine" wie ein Mensch, es handelt sich also um ein sprachliches Bild).

① Ordne die Beispiele den richtigen Erklärungen zu. Schreibe sie in die Tabelle.

einen Diesel fahren — **der Liebe Glut**

die Gräser tanzen im Wind — **er kämpft wie ein Löwe**

sprachliches Bild	Erklärung	Beispiele
Metapher	von griech. *metaphorein* „übertragen“: Verbindung zweier Bedeutungsbereiche	
Metonymie	von griech. *metonomazein* „anders nennen“: ein Wort wird durch ein anderes ersetzt, das zu ihm in enger Beziehung steht	
Personifikation	Vermenschlichung, d.h. Dingen werden menschliche Eigenschaften oder Handlungen zugesprochen	
Vergleich	verknüpft zwei Bedeutungsbereiche durch eine gemeinsame Eigenschaft	

→ Lösungsheft Seite 13

Die **rhetorischen Figuren** im engeren Sinne lassen sich verschiedenen **Sprachebenen** zuordnen. Man unterscheidet zwischen:

1. Wortfiguren	Erklärung	Beispiele
Hyperbel	Übertreibung, Steigerung des Ausdrucks	*hundertzwanzigprozentig*
Litotes	Unterstreichung, oft durch Verneinung des Gegenteils	*nicht ganz schlecht (für „sehr gut“)*
Euphemismus	verhüllende, beschönigende Beschreibung	*Freund Hein (statt „Tod“)*

2. Satzfiguren	Erklärung	Beispiele
Ellipse	Auslassung des Unwichtigen, zugleich ein grammatisch unvollständiger Satz	*„Von der Menschheit nur ein Stück!“*
Zeugma	Sonderform der Ellipse, bei der ein Satzglied zwei Fügungen zugeordnet wird	*Er warf die Nudeln in den Topf und einen Blick aus dem Fenster.*
Parallelismus	Wiederholung gleicher Satzbaumuster	*„Das Wasser rauscht, das Wasser schwoll …“*
Chiasmus	nach der Form des griechischen Buchstabens „X“ (= Chi): Überkreuzstellung von Sinneinheiten	*„Verlangt eins zu rasten, Ruht auch sein Gesell.“*

3. Gedankenfiguren	Erklärung	Beispiele
rhetorische Frage	Frage, die auf keine Antwort zielt bzw. bei der die Antwort bekannt ist	*Spreche ich eigentlich Chinesisch?*
Oxymoron	Verbindung zweier sich eigentlich ausschließender Begriffe	*junger Greis, beredtes Schweigen*

Nachdenken über Sprache

4. Klangfiguren	Erklärung	Beispiele
Alliteration	Wiederholung des Anfangslautes	*auf Biegen und Brechen*
Anapher	Wiederholung eines Wortes oder einer Wortgruppe am Vers- oder Satzanfang	*„Dieses Suchen und dies Finden, / Dieses Denken und Empfinden“*
Onomatopöie	Lautmalerei, schallnachahmende Wörter oder Fügungen	*Kuckuck, quaken, wauwau*

(2) **Übung**: Bestimme, um welche rhetorische Figur (inklusive der sprachlichen Bilder) es sich jeweils handelt. Arbeite im Heft.

a) geliebter Feind b) lernschwach (statt „dumm“) c) Datenstrom

d) Er ging zur Party und ihnen auf die Nerven e) Reden ist Silber, Schweigen ist Gold

f) Kinder, Küche, Kirche g) recht ordentlich (statt „ausgezeichnet“)

→ Lösungsheft Seite 13

8.7 Wiederholungsübungen Klasse 7 und 8

8.7.1 Verbkategorien gebrauchen

Der Gebrauch der Tempora

Das **Präsens** (= Gegenwartsform) wird gebraucht, um Folgendes zu bezeichnen:
- ein gerade ablaufendes Geschehen: *Ich lese (gerade) ein Buch.*
- eine allgemeingültige Tatsache: *Paris ist die Hauptstadt von Frankreich.*
- einen sich immer wiederholenden Vorgang: *Die Tagesschau kommt (immer) um 20 Uhr.*
- ein zukünftiges Geschehen: *Morgen spielt die Borussia zuhause.*
- ein vergangenes Geschehen (historisches bzw. szenisches/erzählendes Präsens): *1918 endet der Erste Weltkrieg. Ich war gerade aufgestanden, da klingelt schon das Telefon.*

Das **Perfekt** (= vollendete Gegenwartsform) wird gebraucht, um:
- die Verbindung von der Vergangenheit zur Gegenwart des Sprechers herzustellen: *Ich habe gerade gegessen (und bin jetzt fertig damit).*
- in Verbindung mit dem Präsens die Vorzeitigkeit auszudrücken: *Nachdem wir gekocht haben, können wir (jetzt) essen.*

Das Perfekt ersetzt in der gesprochenen Sprache außerdem häufig eine Form im Präteritum: *Gestern haben wir Fisch gegessen* (statt: *Gestern aßen wir Fisch.*).

Das **Präteritum** (= Vergangenheitsform) wird gebraucht, um Vorgänge zu bezeichnen, die in der Vergangenheit abgeschlossen sind, bzw. um auf Vergangenes zu verweisen: *Meine Frau und ich heirateten 1999.*

Das **Plusquamperfekt** (= vollendete Vergangenheitsform) wird verwendet, um die Vorzeitigkeit in der Vergangenheit auszudrücken: *Noch bevor er mich gesehen hatte, war ich weg.*

Das **Futur I** (= Zukunftsform) wird gebraucht, um:
- einen künftigen Vorgang bzw. Zustand zu bezeichnen: *Die Veranstaltung wird nächstes Jahr wieder stattfinden.*
- Vermutungen oder Erwartungen auszudrücken: *Das Essen wird ihnen bestimmt schmecken.*

Das **Futur II** (= vollendete Zukunftsform) wird gebraucht, um:
- ein Geschehen in der Zukunft als abgeschlossen zu bezeichnen (in der Regel als Vermutung): *Paul wird das wohl schon gemacht haben.*

Nachdenken über Sprache

- in Verbindung mit dem Futur I (oder dem Präsens) die Vorzeitigkeit in der Zukunft auszudrücken: *Wenn du nicht pünktlich um 20 Uhr hier sein wirst (bist), werden Sven und Lisa wohl schon wieder gegangen sein.*

(1) Bestimme das Tempus (Präsens, Präteritum, Futur usw.) der markierten Prädikate.

a) Morgens sehen wir nie fern. ______

b) Sie werden hoffentlich bald kommen. ______

c) Gestern habe ich Maren getroffen. ______

d) Er ging sofort, nachdem er sich bedankt hatte. ______

→ Lösungsheft Seite 13

(2) Verbinde die Sätze in der linken Spalte mit den Sätzen in der rechten Spalte, bei denen das Tempus des Prädikats dieselbe Funktion hat.

Eins plus eins ergibt zwei.	Lucas wird wahrscheinlich den Bus verpasst haben.
Schiller lebte lange in Jena.	Die Donau mündet in das Schwarze Meer.
Die Olympischen Spiele finden alle vier Jahre statt.	Sonja kommt immer zu spät.
Jetzt werden sie es wohl endgültig begriffen haben.	Der Film lief noch nie im Fernsehen.

→ Lösungsheft Seite 13

(3) **Übung:** Bestimme die Funktion des Tempus in den Sätzen.

a) Nach der Schule mache ich eine Weltreise. ______

b) Das habe ich doch gerade gemacht. ______

c) Hier kommt Klaus ja (gerade). ______

d) Sie werden sich schon verstehen. ______

→ Lösungsheft Seite 13

Der Gebrauch der Modi

Mit dem **Imperativ** werden
- Aufforderungen ausgedrückt: *Steh jetzt sofort auf!*
- Verbote (bzw. Wünsche) formuliert: *Steh jetzt bloß nicht auf! (Ach, steh doch bitte auf!)*

Mit Verbformen im **Indikativ** werden
- Aussagen bzw. Sachverhalte als gegeben (wahr, real) gekennzeichnet: *Sie wird sicher kommen. Kommt sie?*
- Vermutungen ausgedrückt: *Sie wird wohl kommen.*

Achtung: Es spielt keine Rolle, ob die Aussagen in Wirklichkeit wahr oder real sind; die Realität wird dann behauptet oder angenommen: *Rotkäppchen hatte Angst.*

Der **Konjunktiv I** dient zur Kennzeichnung
- der indirekten Rede: *Der Angeklagte sagte, dass er unschuldig sei.*
- von Wunsch- und Aufforderungssätzen: *Er lebe hoch! Seien Sie doch bitte so nett und …*

Nachdenken über Sprache

Der **Konjunktiv II** dient unter anderem zur Kennzeichnung
- irrealer Sätze (so genannter Irrealis): *Das wäre schön. An ihrer Stelle hätte ich das anders gemacht.*
- irrealer Konditionalsätze bzw. irrealer Satzgefüge: *Wenn ich reich wäre, flöge ich um die Welt. Auch wenn ich wollte, könnte ich nicht helfen.*
- von Vermutungen: *Das könnte stimmen.*
- einer höflichen Bitte: *Würden Sie das tun?*

oder als Ersatzform für den Konjunktiv I: *Er sagte, dass sie wahrscheinlich nicht zur Party kämen.*

Achtung: Für den Konjunktiv II gibt es eine Umschreibung mit *würde*. Diese Form wird verwendet, wenn die reguläre Konjunktiv II-Form gestelzt oder veraltet wirkt (z. B. „*ich würde fliegen*" statt „*ich flöge*") oder wenn sie mit dem Präteritum identisch ist (z. B. „*er würde rennen*" statt „*er rannte*").

④ Kreuze an, in welcher Funktion der Modus in den folgenden Sätzen gebraucht wird.

	Zur Kennzeichnung			
	einer Vermutung: Indikativ	einer Vermutung: Konjunktiv II	einer indirekten Rede: Konjunktiv I	eines irrealen Sachverhaltes: Konjunktiv II
a) Er meinte, das <u>habe</u> er ja gleich gesagt	☐	☐	☐	☐
b) Das <u>dürfte</u> so in Ordnung sein.	☐	☐	☐	☐
c) Wenn wir doch bloß einen anderen Lehrer <u>hätten</u>!	☐	☐	☐	☐
d) Wir <u>schreiben</u> den Test wahrscheinlich noch diese Woche.	☐	☐	☐	☐

→ Lösungsheft Seite 13

⑤ **Übung:** Bestimme die Funktion des Modus in den Sätzen. Nenne ihn auch jeweils.

a) Ach, <u>lass</u> mich doch in Ruh! ______________________

b) <u>Wären</u> Sie so nett und <u>würden</u> … ______________________

c) <u>Sei</u> doch nicht so neugierig! ______________________

d) Wenn ich erst reich <u>bin</u>, dann … ______________________

→ Lösungsheft Seite 13

Der Gebrauch der Genera Verbi

Im **Aktiv** (= Tätigkeitsform) wird ein Geschehen oder eine Handlung vom Verursacher aus dargestellt. Der Handelnde (der/die/das Aktive) ist zugleich das Subjekt des Satzes:
Die Feuerwehr pumpte den Keller aus.
Im **Passiv** (= Leideform) wird eine Handlung vom Betroffenen (der/die/das Passive) aus dargestellt. Der Verursacher der Handlung oder des Geschehens kann ungenannt bleiben (= unpersönliches Passiv) oder mithilfe der Präpositionen *von* oder *durch* angeschlossen werden (= persönliches Passiv):
Der Keller wurde [von der/durch die Feuerwehr] ausgepumpt. Auf der Party wurde viel getanzt (= subjektloser Passivsatz).

Nachdenken über Sprache

(6) Sieh dir noch einmal die Beispiele im Merkekasten an. Trage anschließend in die beiden Sätze über den Gebrauch von Aktiv und Passiv die richtige Handlungsart ein.

a) Das ______________ wird verwendet, wenn das handelnde Subjekt nicht bekannt oder unbenannt bleiben soll bzw., wenn die Handlung selbst oder das Objekt der Handlung im Vordergrund stehen soll.

b) Das ______________ ist die gebräuchlichere Form und wird verwendet, wenn das handelnde Subjekt und der Vorgang gleichermaßen wichtig sind.

→ Lösungsheft Seite 13

8.7.2 Adverbial- und Attributsätze bestimmen

Adverbialsätze ersetzen das Satzglied **Adverbial**, z. B. *Trotz großer Geduld* (= Adverbial) *konnte sie das Rätsel nicht lösen.* → *Obwohl sie große Geduld bewies* (= Adverbialsatz), *konnte sie das Rätsel nicht lösen.*
Attributsätze ersetzen das Satzgliedteil Attribut, z. B. *Eine sehr nette* (= Attribut zu „Freundin") *Freundin besuchte uns letzte Woche.* → *Eine Freundin, die sehr nett ist* (= Attributsatz zu „Freundin"), *besuchte uns letzte Woche.*
Achtung: Attribute sind keine Satzglieder und bleiben bei der Umstellprobe immer bei ihrem Bezugswort, z. B. *Eine sehr nette Freundin besuchte uns letzte Woche.* → *Letzte Woche besuchte uns eine sehr nette Freundin.* → *Uns besuchte letzte Woche eine sehr nette Freundin.*

(1) Kreuze jeweils an, ob es sich um Adverbiale/Adverbialsätze oder um Attribute/Attributsätze handelt.

	Adverbial/ Adverbialsatz	Attribut/ Attributsatz
a) Wegen seiner guten Kondition gewann er das Rennen. / Er gewann das Rennen, weil er eine gute Kondition hatte.	☐	☐
b) Sie kamen in ein gewaltiges Gewitter. / Sie kamen in ein Gewitter, das gewaltig war.	☐	☐
c) Sie las den Brief ihrer Freundin. / Sie las den Brief, den ihr ihre Freundin geschrieben hat.	☐	☐
d) Sie feierten bis zum Morgengrauen. / Sie feierten, bis der Morgen graute.	☐	☐
e) Bitte melden Sie sich bei Bedarf. / Bitte melden Sie sich, wenn Sie Bedarf haben.	☐	☐

→ Lösungsheft Seite 13

(2) **Übung**: Forme die unterstrichenen Adverbiale bzw. Attribute in bedeutungsgleiche Nebensätze um

a) Sie lasen ein spannendes Buch in der Klasse.

____

Nachdenken über Sprache

b) Der Säugling schrie vor Hunger.

____

c) Sie sahen sich im Fernsehen einen Steven-Spielberg-Film an.

____

d) Er ging nach Beendigung der Arbeit nach Hause.

____

e) Stefan fuhr immer mit dem Fahrrad seines Vaters zur Schule.

____

f) Durch hartes Training konnte sich Alma weiter verbessern.

____

→ Lösungsheft Seite 13

Adverbialsätze lassen sich wie die Adverbiale in verschiedene Arten einteilen:

Adverbialsatz	Beispiel	Ersatzprobe = Adverbial
• der **Zeit** (= Temporalsatz): nachdem, als, bevor, während, ehe, bis, sowie	*Sie arbeiteten immer, **bis es dunkel wurde.***	*Sie arbeiteten immer **bis zum Einbruch der Dunkelheit*** (Bis wann?).
• des **Grundes** (= Kausalsatz): weil, da, zumal (da)	*Sie half ihm, **weil sie Mitleid mit ihm hatte.***	*Sie half ihm **aus Mitleid*** (Warum?).
• der **Absicht/des Zwecks** (= Finalsatz): damit, dass, um	*Sie las ein Buch, **damit ihr nicht langweilig wurde.***	*Sie las **zur Vermeidung von Langeweile*** (Wozu?) *ein Buch.*
• der **Folge/der Wirkung** (= Konsekutivsatz): (als) dass, sodass	*Die Spieler fighteten hart, **sodass sie völlig erschöpft waren.***	*Die Spieler fighteten hart **bis zur völligen Erschöpfung*** (Mit welcher Folge?).
• des **Gegengrundes** (= Konzessivsatz): obwohl, obschon, obgleich, wenn auch	*Sie schrieb eine schlechte Arbeit, **obwohl sie sich intensiv vorbereitet hatte.***	*Sie schrieb **trotz intensiver Vorbereitung*** (Trotz wessen?) *eine schlechte Arbeit.*
• der **Bedingung** (= Konditionalsatz): wenn, falls, sofern	*Sie können die Ware gleich mitnehmen, **wenn Sie sie sofort bezahlen.***	*Sie können die Ware **bei sofortiger Bezahlung*** (Unter welcher Bedingung?) *gleich mitnehmen.*
• **der Art und Weise** (= Modalsatz): als ob, insofern, wobei	*Es regnete, **als ob die Sintflut käme.***	*Es regnete **wie bei einer Sintflut*** (Wie?).
• des **Umstands/des Mittels** (= Instrumentalsatz): indem, so dass	*Er lernte das Gitarrespielen, **indem er sehr viel übte.***	*Er lernte das Gitarrespielen **durch viel Übung*** (Womit? Wodurch?).
• des **Ortes** (= Lokalsatz): wo, wohin, woher	*Sie verabredeten sich dort, **wo sie sich schon einmal getroffen hatten.***	*Sie verabredeten sich **an einem früheren Treffpunkt*** (Wo?).

(3) **Übung**: Bestimme die Adverbialsätze nach der Art der Umstandsangabe.

a) Sie sorgten vor, um später noch etwas zu haben. ______________________________

b) Bevor es ihm zu heiß wurde, drehte er das warme Wasser ab. ______________________

c) Sie konnten sich nicht einigen, sodass jeder seiner eigenen Wege ging. ______________

d) Falls ihr später Lust habt, können wir uns noch einen Film ansehen. _______________

e) Sie überzeugte ihren Chef von dem Projekt, indem sie es sehr gut präsentierte. ________

f) Tanja wollte bald nach Hause, da es schon recht spät geworden war. ________________

g) Obgleich er ganz gern in Kino ging, wollte er diesen Film nicht sehen. ______________

h) Er rannte, als ob es um sein Leben ginge. ______________________________

i) Tim wusste nicht, woher diese Waren stammten. ______________________________

→ Lösungsheft Seite 13

8.7.3 Komplexe Satzgefüge untersuchen

Bei der **Untersuchung komplexer Satzgefüge** solltest du dir zunächst klarmachen, ob und wie die verschiedenen (Neben-)Sätze eingeleitet werden und welches Prädikat zum jeweiligen Einleitungswort gehört. Auf diese Weise wird zugleich deutlich, welcher Teil des Gefüges der Hauptsatz ist.
Die Satzanalyse gelang ihnen, weil *sie die Sätze gründlich lasen und sich an die Anweisungen,* die *sie erhalten* hatten, *genau* hielten.
Mit einem **Stufenmodell** kann man anschließend verdeutlichen, wie sich die (Neben-)Sätze zueinander verhalten:

Die Satzanalyse gelang, ↓
Hauptsatz

weil sie …, ↓ — genau hielten.
Nebensatz 1 — **Nebensatz 1**

die … hatten, ↑
Nebensatz 2

(1) **Übung**: Markiere in den beiden Sätzen zunächst die Einleitungswörter und die zu ihnen gehörigen Prädikate. Zeichne dann zu den Sätzen jeweils ein Stufenmodell.

a) Das Parlament verabschiedete den Gesetzesentwurf, der im vergangenen Frühjahr eingebracht worden war, nach einer langen Debatte, die insbesondere von der Opposition, die den Entwurf von Anfang an als verfassungswidrig bezeichnet hatte, sehr engagiert geführt worden ist, mit einfacher Mehrheit.

Nachdenken über Sprache

b) Nachdem er verschlafen hatte, wollte Jakob, der sonst mit dem Fahrrad zur Schule, die keine zwei Kilometer von seiner Wohnung entfernt war, fuhr, den Bus nehmen, den er aber knapp verpasste, weil ihm eingefallen war, dass er seinen Taschenrechner, den er heute für die Mathearbeit brauchen würde, vergessen hatte, und so noch einmal von der Haustür in sein Zimmer zurück musste.

→ Lösungsheft Seite 13

8.7.4 Infinitivgruppen bestimmen

Infinitivgruppen (*zu* + Infinitiv + ggf. weitere Ergänzungen) sind satzwertige Konstruktionen. Infinitivgruppen können:

- notwendige Verbergänzungen sein. Sie stehen dann zugleich für das Subjekt bzw. ein Objekt im Satz:
  Mir war es unangenehm, ihn dort zu treffen (Wer oder was war mir unangenehm? – *ihn dort zu treffen*). *Sie beschloss, bald Urlaub zu machen* (Wen oder was beschloss sie? – *bald Urlaub zu machen*).
- als freie Ergänzung zum Verb vorkommen. Sie stehen dann zugleich für ein Adverbial/einen Adverbialsatz:
  Sie machte Urlaub, um sich zu erholen (Warum machte sie Urlaub? – *um sich zu erholen/zur Erholung*).
- ein Attribut/einen Attributsatz ersetzen. Die Infinitivgruppe ist dann von einem Nomen abhängig:
  Sie hat das Recht, Urlaub zu machen (statt z. B. *Sie hat ein Recht auf Urlaub.*).

(1) **Übung**: Kreuze an, in welcher Funktion die Infinitivgruppe in den Sätzen gebraucht wird.

	Infinitivgruppe steht für			
	das Subjekt	ein Objekt	ein Adverbial	ein Attribut
a) Er hatte den Plan gefasst, das Haus zu verkaufen.	☐	☐	☐	☐
b) Ihnen war es unangenehm, nicht eingeladen worden zu sein.	☐	☐	☐	☐
c) Sie arbeitete, ohne sich richtig zu konzentrieren.	☐	☐	☐	☐
d) Sie planten, bald ihre Freunde in Frankreich zu besuchen.	☐	☐	☐	☐
e) Ihre Freunde glaubten fest daran, dass sie wirklich kommt.	☐	☐	☐	☐

→ Lösungsheft Seite 14

9 Rechtschreibung

Nachdenken über Sprache

9.1 Fremdwörter richtig schreiben

9.1.1 Wörter lateinischen und italienischen Ursprungs richtig schreiben

Schwierigkeiten beim richtigen Schreiben von Wörtern **lateinischen** Ursprungs bereiten oft (nur) die Endungen. Folgende **Endungen** solltest du dir deshalb merken:
-ieren (*studieren*), **-ent/-ant** (*Student, vakant*), **-ium** (*Studium*), **-(at)ion** (*Aktion, Situation*), **-ismus** (*Impressionismus*), **-iv** (*naiv*), **-ität** (*Naivität*) und **-ik** (*Komik*).

(1) Probiere aus, mit welchen Endungen du die Wortstämme ableiten kannst. Trage die abgeleiteten Wörter in die Tabelle ein. Setze dort, wo keine Ableitung möglich ist, ein Kreuz.
Achtung: Bei manchen Ableitungen musst du noch einige Buchstaben ergänzen.

	-ieren	-(at)ion	-ant	-iv	-ität
real-	*realisieren*	*Realisation*	X		
demonstr-					
inform-					
spekul-					
oper-					
explo- s/d-					
repräsent-					
manipul-					

→ Lösungsheft Seite 14

(2) **Übung:** Suche nach weiteren Ableitungen auf *-ieren* und bilde sechs Wortpaare nach dem Muster „studieren – Student".

______________________ ______________________

______________________ ______________________

______________________ ______________________

→ Lösungsheft Seite 14

Für die Schreibung von Wörtern **italienischer Herkunft** gibt es nur wenige Regeln, sodass du die richtige Schreibung normalerweise lernen musst. Regelmäßig ist aber die ***h*-Schreibung**.
Folgendes gilt:

- Der Buchstabe **„c"** wird im Italienischen vor „i" und „e" wie „tsch" ausgesprochen, vor „a", „o" und „u" aber wie „k", z. B. *Cappuccino* („Kapputschino").
  Steht ein „c" vor „i" oder „e" und soll trotzdem wie „k" ausgesprochen werden, wird **„ch"** geschrieben, z. B. *Marchese* („Markese").
- Der Buchstabe **„g"** wird im Italienischen vor „i" und „e" wie „dsch" ausgesprochen, vor „a", „o" und „u" aber wie „g", z. B. *adagio* („adadscho").
  Steht nun ein „g" vor „i" oder „e" und soll trotzdem wie „g" ausgesprochen werden, wird **„gh"** geschrieben, z. B. *Ghetto* („Getto").

Nachdenken über Sprache

(3) Entscheide aufgrund deiner Kenntnisse der Aussprache, ob die Wörter mit oder ohne „h" geschrieben werden müssen. Schreibe die Wörter in der richtigen Schreibung hinter die Paare.

Ciao/Chiao: ____________	Latte macciato/macchiato: ____________
Cello/Chello: ____________	Ciabatta/Chiabatta: ____________
Cianti/Chianti: ____________	Pizza Magerita/Magherita: ____________
Gelati/Ghelati: ____________	Spagetti/Spaghetti: ____________
Gnocci/Gnocchi: ____________	Scerzo/Scherzo: ____________

→ Lösungsheft Seite 14

9.1.2 Wörter altgriechischen Ursprungs richtig schreiben

Wörter altgriechischen Ursprungs erkennt man oft an den Buchstabenkombinationen th, ph und rh sowie an dem Buchstaben y.

- **th**: Im Altgriechischen gab es zwei *t*-Laute, das Theta (θ) und das Tau (τ). Das Theta wird im Deutschen (und im Englischen) immer mit „th" wiedergegeben. Das (alt)griechische „th" wird wie das englische „th" ausgesprochen. Wenn du also gut in Englisch bist, kannst du einfach ausprobieren, wie das Wort im Deutschen geschrieben wird:
  engl. *theatre* ['θɪətə], dt. *Theater*; engl. *rhetoric* ['retərɪk], dt. *Rhetorik*.
- **rh**: Die Buchstabenkombination „rh" gibt den griechischen Buchstaben Rho (ρ) wieder. Leider ist die Wiedergabe dieses *r*-Lauts mit „rh" schwankend. Steht das Rho aber am Wortanfang, wird immer mit „rh" geschrieben (wie „Rhetorik").
- **ph**: Die Buchstabenkombination „ph" gibt den griechischen Buchstaben Phi (φ) wieder und entspricht dem stimmlosen *f*-Laut. Auch für diesen Laut gibt es im Griechischen nur einen Buchstaben, sodass der *f*-Laut immer mit „ph" wiedergegeben wird, wie etwa in *Philosophie*.
  Achtung: Einige Wörter sind hier bereits der deutschen Schreibung angepasst, z. B. *Telefon* (früher: *Telephon*), *Fotografie* (früher: *Photographie*).
- **y**: Der griechische Buchstabe Ypsilon hat den Lautwert eines (meist kurzen) „ü" im Deutschen. Wenn du in einem griechischen Fremdwort also ein (kurzes) „ü" hörst, musst du das Wort mit „y" schreiben", z. B. *Synthese*, *Synonym* oder *Ypsilon*.

(1) Entscheide aufgrund der Aussprache im Englischen, wie die Wörter im Deutschen richtig geschrieben werden und trage sie in der entsprechenden Zeile ein.

Rhy-t/th-mus **Symme-t/th-rie** **Ka-t/the-drale**

rheuma-t/th-isch **T/Th-ermostat** **Ka-t/th-arr(h)**

Ka-t/th-olik **T/Th-e-t/th-anus**

Nachdenken über Sprache

a) ['θɜːməstæt] Wärmeregler, dt.: ______________________

b) ['rɪðəm] taktmäßige Gliederung, regelmäßige Wiederkehr, dt.: ______________________

c) [kə'θiːdrəl] (erz)bischöfliche Kirche, dt.: ______________________

d) ['kæθəlɪk] Angehöriger einer Glaubensgemeinschaft, dt.: ______________________

e) ['ruːmætɪk] Gelenkkrankheit, deutsches Adjektiv: ______________________

f) ['tetənəs] (Wund)starrkrampf, dt.: ______________________

g) [kə'tɑː(r)] Reizung der Schleimhäute, dt.: ______________________

h) ['sɪmətrɪ] Spiegelgleichheit, dt.: ______________________

→ Lösungsheft Seite 14

② **Übung**: Bilde aus den folgenden Silben zehn Wörter altgriechischen Ursprungs.

Sym – Syn – Ho – mo – se – Me – Dia – nym – pher – ta – the – Ana – me – ly – Ther

se – ter – mo – Dia – ly – se – phe – Theo – gie – tro – Katas – lo – thie – pa – gramm

______________________ ______________________

______________________ ______________________

______________________ ______________________

______________________ ______________________

______________________ ______________________

→ Lösungsheft Seite 14

9.1.3 Wörter französischen Ursprungs richtig schreiben

Auch für die Schreibung von **Wörtern französischer Herkunft** gibt es nur wenige Regeln, sodass du die richtige Schreibung lernen musst. Wie bei den Wörtern lateinischer Herkunft helfen dir aber einige wichtige **Ableitungselemente** bei der Schreibung: **-age** (*Blamage*), **-eur/-euse** (*Friseur, Friseuse*) und **-ement** (*Amüsement*).

① Probiere aus, mit welchen Endungen du die Wortstämme ableiten kannst, und schreibe die abgeleiteten Wörter in die Tabelle ein. Trage dort, wo keine Ableitung möglich ist, ein Kreuz ein.

	Mass-	**Gar-**	**Sabot-**	**Mont-**	**Desert-**
-age					
-eur					

→ Lösungsheft Seite 14

Nachdenken über Sprache

(2) Viele Wörter auf *-ement* bilden auch Verben auf *-ieren*. Bilde die Ableitungen und schreibe sie hinter die Nomen.

Amüsement: ______________ Arrangement: ______________

Abonnement: ______________ Bombardement: ______________

→ Lösungsheft Seite 14

(3) **Übung**: In dem Wortgitter sind 19 Wörter französischer Herkunft versteckt. Finde sie und schreibe sie heraus. Wenn du ihre Bedeutung nicht kennst, schlage im Fremdwörterbuch nach.

C	S	O	U	F	F	L	E	U	R	U	A	E
H	E	R	T	E	I	A	N	N	O	N	C	E
A	R	E	A	U	J	C	R	È	M	E	B	F
M	V	P	I	I	S	K	O	S	M	V	C	G
P	I	E	L	L	A	L	P	A	É	W	H	H
A	E	R	L	L	U	M	Q	I	S	X	I	A
G	T	T	E	E	C	O	U	S	I	N	F	P
N	T	O	G	T	E	N	R	O	T	Y	F	P
E	E	I	S	O	U	V	E	N	I	R	R	E
R	D	R	H	N	I	V	E	A	U	Z	E	T
A	E	E	B	O	U	T	I	Q	U	E	C	I
B	F	A	P	P	A	R	T	E	M	E	N	T
C	A	C	C	E	S	S	O	I	R	E	D	I

→ Lösungsheft Seite 14

9.2 Groß- und Kleinschreibung

Verbindungen aus nur einer **Präposition** (also keine Schmelz- oder weiteren Artikelwörter) und **nichtdeklinierten Adjektiven** werden kleingeschrieben, z. B. *von klein auf.*
Verbindungen aus nur einer **Präposition** und einem **deklinierten Adjektiv** können sowohl groß- als auch kleingeschrieben werden, z. B. *seit neuestem/Neuestem.*

Nachdenken über Sprache

① **Übung**: Ergänze in den folgenden Sätzen die richtige Groß- und Kleinschreibung. Wenn sowohl groß- als auch kleingeschrieben werden kann, dann markiere die beiden Alternativen farbig.

a) Sie hatten vor, sich über (kurz oder lang/Kurz oder Lang) ______________ eine Kreuzfahrt zu leisten.

b) Sie hatten sich seit (langem/Langem) ______________ nicht mehr so wohl gefühlt.

c) Die Band hatte wegen des Krankheitsfalls alle Konzerte bis auf (weiteres/Weiteres) ______________ abgesagt.

→ Lösungsheft Seite 14

Neben den **verblassten Nomen** mit den Verben *sein*, *bleiben* und *werden* schreibt man auch die Nomen in folgenden Verbindungen klein:
eislaufen, kopfstehen, leidtun, nottun, standhalten, stattfinden, stattgeben, statthaben, teilhaben, teilnehmen, wundernehmen, z. B. *Ihn nahm die ganze Sache schon sehr wunder.*

② Formuliere zu den Nomen aus den folgenden Fügungen Sätze, in denen das Nomen in nicht verblasster Form gebraucht wird (also zum Beispiel mit einem Artikel steht).

wundernehmen – Die ganze Sache grenzte für ihn schon fast an ein Wunder.

a) *nottun*:

____

b) *teilnehmen*:

____

c) *leidtun*:

____

d) *kopfstehen*:

____

e) *eislaufen*:

____

→ Lösungsheft Seite 14

③ **Übung**: Ergänze in den Sätzen die richtige Groß- und Kleinschreibung.

a) In dieser Sache war sie durchaus im (recht/Recht) ______________ .

b) Vor der Prüfung hatten sie keine große (angst/Angst) ______________ .

c) Den Autofahrer traf keine (schuld/Schuld) ______________ an dem Unfall.

d) Vor allem die Kinder litten nach dem Erdbeben große (not/Not) ______________ .

e) Die Firma des Vaters ging nach einem Jahr (pleite/Pleite) ______________ .

→ Lösungsheft Seite 14

Nachdenken über Sprache

9.3 Getrennt- und Zusammenschreibung

Bei der **Getrennt- und Zusammenschreibung** gelten für die verschiedenen Zusammensetzungsmöglichkeiten unterschiedliche Regeln. Diese sind besonders wichtig:

- **Verb + Verb**: Der Regelfall ist die Getrenntschreibung. Verbverbindungen mit *lassen* und *bleiben* als zweitem Bestandteil können aber zusammengeschrieben werden, wenn die Verbindung eine übertragene Bedeutung hat, z. B. *Sie hat ihn nach dem Streit einfach stehenlassen.*
- **Adjektiv + Verb:** Der Regelfall ist die Getrenntschreibung. Verbindungen aus Adjektiv + Verb müssen aber zusammengeschrieben werden, wenn die Verbindung eine übertragene Bedeutung hat, z. B. *Er musste nach seinem Herzinfarkt kürzertreten.*
  Die Verbindungen können zusammengeschrieben werden, wenn das erste Adjektiv eine Eigenschaft als Ergebnis der Handlung bezeichnet, z. B. *Sie musste noch Getränke kaltstellen.*
- **Grundwort Adjektiv**: Verbindungen aus zwei Adjektiven müssen zusammengeschrieben werden, wenn der erste Bestandteil bedeutungsverstärkend oder -vermindernd ist, z. B. *megageil, gemeingefährlich*, oder wenn die beiden Bestandteile gleichrangig sind, z. B. *nasskalt.*
  Verbindungen mit einem Adjektiv als Grundwort werden zusammengeschrieben, wenn der erste Bestandteil mit einer Wortgruppe paraphrasierbar ist, z. B. *freudestrahlend = vor Freude strahlend.*

1 Begründe mithilfe der Regeln im Merkekasten die Getrennt- bzw. Zusammenschreibung der markierten Ausdrücke.

a) Sie konnte ihre Gegnerin kaltstellen: ______________________

____

b) Er musste sich das Essen nur noch warmmachen: ______________________

____

c) Während der Ferien ist viel Arbeit liegengeblieben: ______________________

____

d) Die Erfindung war bahnbrechend: ______________________

____

e) Der Kaffee war lauwarm: ______________________

____

f) Für dieses Konzert hat sie monatelang geübt: ______________________

____

g) Er war von Geburt an taubstumm: ______________________

____

→ Lösungsheft Seite 14

2 **Übung**: Entscheide, welche dieser Verbindungen auch zusammengeschrieben werden können. Markiere diese Verbindungen farbig.

Nachdenken über Sprache

a) Er hat beim Abtrocknen ein Glas fallen lassen.

b) Der Koch hat die Zwiebel klein geschnitten.

c) Sie haben das Geschirr schnell gewaschen.

d) Tim ist den ganzen Morgen im Bett liegen geblieben.

e) Das Kind hat das Spielzeug aus Versehen kaputt gemacht.

f) Lisa lernte fleißig, weil sie nicht sitzen bleiben wollte.

g) Die Freunde wollten gemeinsam tanzen gehen.

→ Lösungsheft Seite 14

(3) **Übung**: Entscheide, welche dieser Verbindungen zusammengeschrieben werden müssen. Markiere diese Verbindungen farbig.

a) Er wollte seinen Teller nie leeressen.

b) Über diesen Witz konnte sie sich immer wieder von Neuem kranklachen.

c) Das Steak war butterweich.

d) Seine Freundin wollte ihn nach der langen Zeit nicht einfach fallenlassen.

e) Die Trennung war dem Vater sehr schwergefallen.

f) Jetzt mussten sie den Teig nur noch langziehen.

g) Lena und Max hatten sich erst gestern kennengelernt.

→ Lösungsheft Seite 14

9.4 Kommata setzen

Wichtige **Zeichensetzungsregeln** sind:

- **Nebensätze** werden mit Kommas vom Hauptsatz bzw. von anderen Nebensätzen abgetrennt.
- Erweiterte **Infinitivgruppen** müssen vom übergeordneten Satz durch Kommas abgetrennt werden, wenn sie von einem Nomen bzw. einem Verweiswort im übergeordneten Satz abhängen oder die Gruppe mit *um*, *ohne*, *statt*, *anstatt*, *außer* oder *als* eingeleitet wird.
- Glieder einer **Aufzählung** werden, sofern sie nicht mit *und*, *oder* usw. miteinander verbunden sind, durch Kommas voneinander abgetrennt.
- **Zusätze**, **Einschübe** oder **Nachstellungen** werden stets durch Kommas vom restlichen Satz abgetrennt.

(1) Überprüfe, ob die Infinitivgruppen in den Sätzen durch Kommas abgetrennt werden müssen. Setze dort, wo dies unbedingt nötig ist, die Kommas. Begründe deine Entscheidung im Heft.

a) Der Betreuer nahm die Aufgabe die Besucher durch die Stadt zu führen sehr ernst.

b) Er empfahl ihnen sich das Münster anzusehen.

c) Statt ins Münster zu gehen wollten sie aber lieber das Kunstmuseum sehen.

d) Der Reiseleiter bot ihnen an sie durch das Museum zu führen.

e) Er dachte darüber nach sie anschließend zum Essen einzuladen.

f) Ohne lange zu fragen führte er sie ins beste Lokal der Stadt.

e) Anschließend bot er ihnen an sie nach Hause zu fahren.

→ Lösungsheft Seite 14

Nachdenken über Sprache

(2) **Übung**: Setze im ersten Teil des Textes die fehlenden Kommata ein.

Gerd Gaiser: Ein Wespennest – Teil I

In den Jahren in denen man späht fand ich eines Tages auf meinem Schulweg das Wespennest. Ich ging unten am Bahndamm entlang und von unten im Falz einer Schiene fiel es mir auf. Dass es ein Wespennest sei sagte mir der erste Blick nicht. Aus der eisernen Kehle sprosste es spröde langbestielt einer grauen Tulpe ähnlich. Ich schlich mich an und im Schotter kniend betrachtete ich lange vorsichtig das unbekannte Gebilde. Farbe und Beschaffenheit erinnerten an die wunderbaren grauen Seidenkleider der Tante Geheimrätin auf denen Perlen ruhten. Es rührte sich nicht. Nichts aus dem Gegenstand oder in ihm rührte sich; als ich ihn zu berühren wagte raschelte er fein und der Stiel bog sich. Wespennester kannte ich wohl doch lagen sie in Erdlöchern wo wir sie mit Schwefelschnitten auszuräuchern pflegten; auch an Dachsparren hatte ich sie schon als Klumpen gesehen unförmige nestartige Ballen. Dieses Gebilde aber war zart und von bestechender Form. Streng und klar polygonal[1] schlossen sich in dem Kelch die Zellen eine an die andere. Dass der gebrechliche Stengel aus Eisen schoss – aus Eisen das tot war. Und dass es stündlich erzitterte in seiner Zerbrechlichkeit wenn bloß eine Nagelbreite drüber die Wuchten der Züge wegdonnerten ich hatte da öfter zugesehen die Schienen bogen sich in den nachgiebigen Kies – das alles erfüllte mich mit Erregung. Ich beobachtete es noch eine ganze Zeit und da alles still blieb und nichts kam oder ging so schloss ich daraus dieses Nest sei verlassen.

[1] vieleckig

→ Lösungsheft Seite 14–15

9.5 Wiederholungsübungen Klasse 7 und 8

9.5.1 Getrennt- und Zusammenschreibung

(1) **Übung**: Setze die Verbindungen bzw. Zusammensetzungen richtig in den Text ein.
Achtung: Manchmal geht beides.

Gerd Gaiser: Ein Wespennest – Teil II

Ich wagte, es (loszumachen, los zu machen) ____________________. Auf seinem Stengel trug ich es behutsam wie eine Blume (nachhause, nach Hause) ____________________. In einer Kammer unseres Hauses hatte ich ein Regal mit Beschlag belegt, einst vermutlich bestimmt, Akten (aufzunehmen, auf zu nehmen) ____________________. Seine zahlreichen Fächer eigneten sich für den Aufbau meiner Sammlung. Ich hatte damals schon die verschiedensten Dinge nacheinander gesammelt, (ohnedass, ohne dass) ____________________ mein Mühen mich recht befriedigte: denn mein Streben richtete sich auf das Dauernde, auf die Erhaltung dessen, was meinen Augen (bewahrenswert, bewahrens wert) ____________________ erschien. Aber die Pflanzen, wenn ich sie presste, entfärbten und entstellten sich; fing ich Tiere und hielt sie, so konnten sie sich nicht an die Behältnisse gewöhnen, die ich ihnen zuwies, sie zeigten Veränderungen, ihre Ausscheidungen verschmutzten das Glas, sie entsprangen oder gingen mir ein; das Töten und Spreizen von Schmetterlingen und Käfern ekelte mich. So hatte sich mein Verlangen endlich bei Formen beruhigt, die keinem Leben entsprungen oder doch seinen Abläufen nicht mehr unterworfen waren: Steine, Kristalle, (Vogelfedern, Vogel Federn) ______________, Drusen, (Schlangenhäute, Schlangen Häute) ______________ und Muscheln konnten es sein.

→ Lösungsheft Seite 15

9.5.2 Groß- und Kleinschreibung

(1) **Übung**: Ergänze in den folgenden Sätzen die richtige Groß- und Kleinschreibung.

a) Buchen Sie (ihre/Ihre) __________ Kreuzfahrt auf der „MS Deutschland“ und genießen (sie/Sie) ______ (ihre/Ihre) __________ zahlreichen Annehmlichkeiten.

b) Vom (hamburger/Hamburger) ______________ Hafen laufen Schiffe in verschiedene (chinesische/Chinesische) ______________ Städte aus.

c) Das (füttern/Füttern) ______________ und (streicheln/Streicheln) ______________ der Tiere ist verboten.

d) Sie besuchten am (heiligen Abend/Heiligen Abend) __________________________ den (schiefen/Schiefen) ___________________ Turm von Pisa.

→ Lösungsheft Seite 15

(2) **Übung**: Schreibe den dritten Teil des Textes in der richtigen Groß- und Kleinschreibung ab. Arbeite in deinem Heft.

Gerd Gaiser: Ein Wespennest – Teil III

ich überlegte mir, wo mein neuer fund seinen platz haben sollte: endlich schien er mir, seiner eleganz und der geometrie seiner fügung wegen, zwischen einigen kristallen am besten untergebracht; ich legte ihn zu diesen. liebhabereien wechseln rasch in knabenjahren. mehrere wochen hatte ich jene kammer nicht mehr betreten, als mich eine neue lust eines tages zu meinen schätzen trieb. da gewahrte ich, ehe ich noch einen tatbestand unterschied, eine sonderbare störung. ich trat näher und erkannte, dass diese störung von dem wespennest ausging. das wespennest war nicht tot gewesen. es rührte sich darin. ich sah einzelne zellen gesprengt und sah in anderen auskriechende tiere hängen, dünn, fast durchsichtig, einige im zustand äußerster kraftlosigkeit schiebend, andere im zellenhals verendet. schon sah ich über das ganze regal hin jungwespen sich bewegen, sie krochen zitternd, sie fielen in tiefer gelegene fächer hinab, auf den fußboden. selbst bis zum fenster waren etliche vorgedrungen; tasteten mit kraftlosen fühlern am glas oder lagen verkrümmt auf dem gesimse. sie konnten nicht ausbrechen. es gab keine nahrung in der kahlen verschlossenen kammer. wohin ich blickte, überall sah ich dieses leben sich rühren voll qual, und sich wieder strecken und enden. ein zittern ergriff mich, das ich nicht zu deuten vermochte.

Nachdenken über Sprache

ich hatte diese wesen, ohne dass ich von ihnen wusste, an einen ort gebracht, an dem sie nicht leben konnten und das leben zwang sie, auszukriechen und sich zu regen. all die sinnlose bewegung sah ich, dieses kämpfen und tasten und sichschleppen. da hing es, klebrig, verunreinigte meine säuberlichen anordnungen, krampfte sich ohne kraft an meine kristalle und edlen steinschnecken, die nicht aufbrachen und nichts von sich gaben. ich sah es mit angst und zorn, weil ich nicht wusste, wie ich die unreinheit wieder von meinen fächern bringen sollte. ich empfand eine schuld, weil ich das verhängnis mitbereitet hatte, dann eine art von scham, denn ich lebte ja auch. plötzlich fing ich an, mit sinnloser erbitterung loszuschlagen und die tiere zu töten, wo ich eines sah. als ich fertig war, setzte ich mich wie gelähmt draußen auf der treppe nieder.

ich mochte nicht mehr leben.

→ Lösungsheft Seite 15

③ **Übung**: Im dritten Teil des Textes finden sich drei Nominalisierungen. Schreibe sie mit ihrem Begleiter heraus.

1. ______________________________
2. ______________________________
3. ______________________________

9.5.3 Silbentrennung

① Welche Aussagen über die richtige Silbentrennung am Zeilenende treffen zu? Kreuze die richtigen Antworten an.

	richtig	falsch
a) Mehrsilbige Wörter kann man am Zeilenende trennen, wobei die möglichen Trennstellen in der Regel mit den Grenzen der Silben, die man beim langsamen Sprechen hört, zusammenfallen.	☐	☐
b) Einzelne Vokalbuchstaben kann man sowohl innerhalb eines Wortes als auch am Wortanfang und -ende trennen.	☐	☐
c) Stehen die Buchstabenverbindungen *ch*, *sch*, *ph*, *rh*, *sh*, *th* und *ck* für einen Konsonanten, werden sie nicht getrennt, z. B. *na-schen*, *He-cke*.	☐	☐

→ Lösungsheft Seite 15

② **Übung**: Markiere in den folgenden Wörter die Trennungsmöglichkeiten mit einem Strich („|“) und unterstreiche die Wörter, die nicht trennbar sind.

a) Europäische Union
b) südamerikanische Boa
c) eheliche Gemeinschaft
d) neue Ufer
e) wackerer Racker
f) rasches Häschen

→ Lösungsheft Seite 15

10 Lern- und Arbeitstechniken

10.1 Das Lernen lernen

Bei **Lerngegenständen** solltest du nach der Art des Lernens unterscheiden zwischen
- **Wissen** (Kenntnissen), das du durch Lernen im Gedächtnis abspeicherst, z. B. Fachbegriffe, Vokabeln, Lebensdaten von Autoren.
- **Verfahren** (Methoden), die du vor allem durch wiederholtes Üben bzw. Anwenden lernst, z. B. Lesetechniken, Methoden der Textauswertung, Schreibtechniken.

(1) Schreibe die Lerngegenstände in die richtige Spalte der Tabelle.

Zeichensetzungsregeln | **rhetorische Figuren** | **Halten von Referaten**

Methoden der Informationsbeschaffung | **Merkmale von epischen Formen**

Argumentationsstrategien | **Grammatikregeln** | **Redestrategien**

Spannungsbogen eines Dramas | **Methoden der Texterschließung**

Wissen	Verfahren

→ Lösungsheft Seite 15

Um effektiv zu lernen, solltest du herausfinden, zu welchem **Lerntyp** du gehörst. Die verschiedenen Lerntypen sind dabei meist nicht rein ausgeprägt, d. h. dass man in der Regel zwar über verschiedene Kanäle lernen kann, aber über einen bestimmten besonders gut. Es werden unterschieden:
- **Augentyp** oder visueller Typ, der am besten lernt, wenn er sich Inhalte visualisieren, veranschaulichen kann
- **Ohrtyp** oder akustischer Typ, der am besten lernt, wenn er den Lehrstoff hört
- **Gesprächstyp** oder kommunikativer Typ, der am besten lernt, wenn er über die Lerngegenstände spricht
- **Handtyp** oder handelnder Typ, der am besten lernt, wenn er selber Handlungsabläufe durchführt oder etwas mit den zu lernenden Dingen „tun“ kann.

(2) Ordne die verschiedenen Lernverfahren dem richtigen Lerntyp zu. Schreibe dazu hinter das Verfahren den Typ, zu dem es am besten passt.
Achtung: Es können auch zwei Antworten richtig sein.

a) einem Mitschüler einen Sachverhalt zum eigenen Verständnis erklären: ____________________

b) sich selbst etwas laut vorlesen: ____________________

c) einen Sachverhalt grafisch darstellen, z. B. als Schaubild: ____________________

d) über einen Lerngegenstand diskutieren: ____________________

→ Lösungsheft Seite 15

e) sich einen szenischen Text durch Spielen erschließen: ____________________

(3) **Übung**: Ein Gedicht soll auswendig gelernt werden. Formuliere für jeden Lerntyp eine oder zwei passende Lernmethode(n). Gib also den Ratschlag: Was könnte jeder Typ ganz konkret tun?

Augentyp: ____________________

____

Ohrtyp: ____________________

____

Gesprächstyp: ____________________

____

Handtyp: ____________________

→ Lösungsheft Seite 15

____

10.2 Protokollieren

Bei der Gestaltung von Protokollen müssen folgende formale Kriterien erfüllt sein:

- **Protokollkopf** (steht oben links) enthält nacheinander:
  Ort und Gremium (1. Zeile, z. B. *Erich-Kästner-Gesamtschule, Klasse 9c*)
  Protokollüberschrift mit Sitzungsdatum (2. Zeile, z. B. *Protokoll der Sitzung vom 27. 02. …*)
  Sitzungsdauer mit Uhrzeit (3. Zeile, z. B. *Beginn 8.40 Uhr, Ende 9.25 Uhr*)
  Sitzungsort (4. Zeile, z. B. *Klassenraum 109*)
  Anwesenheitsliste (5. Zeile, z. B. *Frau Bader, die Schülerinnen und Schüler der Klasse 9c; entschuldigt: Susanne Freier*)
  Name des Protokollanten (6. Zeile, z. B. *Protokoll: Anatoli Nourgaliev*)
- **Thema** oder **Tagesordnungspunkte** (Abkürzung TOP)
  Achte darauf, dass die verschiedenen Tagesordnungspunkte in der richtigen Reihenfolge übersichtlich gegliedert sind.
- **Erstellungsdatum** und **Unterschrift**:
  Am Ende schreibst du auf, wann du das Protokoll erstellt hast, und unterschreibst es.

(1) Warum ist die Einhaltung der formalen Kriterien bei Protokollen so wichtig? Beantworte die Frage und überlege dir in diesem Zusammenhang, warum Protokolle eigentlich erstellt werden. Arbeite im Heft.

(2) Überprüfe den aufgeführten Protokollauszug. Welchen Fehler enthält er? Notiere, welche Angabe fehlt.

Theodor-Heuss-Realschule, Schülerrat

Protokoll der Sitzung vom 28. Oktober 2008

Ort: Raum 11
Anwesend: die Klassensprecher und Vertreter der Klassen 5 bis 10
Protokoll: Uwe Reinders

Tagesordnung:
TOP 1: Sommerfest
TOP 2: Verschiedenes

TOP 1: Sommerfest
Besprochen wurden zunächst die Erfahrungen des letzten Festes.
Karen (Klassensprecherin der 8a) wies …

Es fehlt: ____________________

→ Lösungsheft Seite 15

Ein **Protokoll ist ein Sachtext.** Achte beim Verfassen also darauf, dass du möglichst genau formulierst. Schreibe sachlich und verzichte auf jede persönliche Wertung.
Beachte: Protokolle werden entweder im Präsens oder im Präteritum verfasst. Redebeiträge anderer werden in indirekter Form wiedergegeben.

(3) **Übung**: Bei der Sitzung des Schülerrats gab es die Redebeiträge von Karen, Sven, Mirjam und Stefan. Fasse die Äußerungen so zusammen, wie du sie in einem Protokoll, in dem es nur auf das Ergebnis der Diskussion ankommt, wiedergeben würdest.

Also eines müssen wir in diesem Jahr auf jeden Fall besser organisieren: die Flaschenrückgabe. Letztes Jahr lagen überall zerbrochene Flaschen herum, selbst auf den Schulhof. Wir hatten ewig zu tun, bis die ganzen Scherben weg waren. Und noch Tage später tauchten an den unmöglichsten Orten Flaschen auf. Also ich finde, wir sollten da künftig Pfand nehmen, und zwar richtig viel, sagen wir einmal 50 Cent.

Karen
(Klassensprecherin der 8a)

Also ich weiß nicht. Auch die Rückgabe des Pfandgeldes macht eine Menge Arbeit, da muss extra ein Schüler hinter den Verkaufsstand. Also wieder einer mehr, der nicht am Fest selbst richtig teilnehmen kann.

Sven
(Klassensprecher der 9b)

____

____

____

____

____

→ Lösungsheft Seite 16

Zu den wichtigsten Protokollformen gehören das Ergebnis- und das Verlaufsprotokoll.

- **Ergebnisprotokoll**: Bei einem Ergebnisprotokoll kommt es darauf an, das erzielte Ergebnis z. B. einer Besprechung festzuhalten. Es wird dabei nur knapp zusammengefasst, wie es zu diesem Ergebnis gekommen ist. Die Redebeiträge der Teilnehmer werden in der Wiedergabe vernachlässigt.
- **Verlaufsprotokoll**: In einem Verlaufsprotokoll geht es darum, den genauen Verlauf z. B. einer Unterrichtsstunde oder einer Diskussion zu notieren. Dabei hält man die wichtigsten Punkte bzw. Teilschritte in der richtigen zeitlichen Abfolge fest. Dadurch wird ein Verlaufsprotokoll umfangreich und ist verhältnismäßig aufwendig.

(4) **Übung**: Lies dir noch einmal die Diskussion aus Aufgabe (3) durch. Fasse die Äußerungen so zusammen, wie du sie in einem Verlaufsprotokoll wiedergeben würdest.

____

____

____

____

____

____

→ Lösungsheft Seite 16

Schlagwortregister